모두를 위한 철학 입문

사사키 아타루, 죽음을 배우는 시간

일러두기

1. 이 책은 『万人のための哲学入門: この死を謳歌する』를 한국어로 옮겼다.
2. 모든 주석은 옮긴이 주다.

BANNIN NO TAME NO TETSUGAKU NYUMON : KONO SHI WO OUKASURU
by Ataru Sasaki
Copyright © Ataru Sasaki 2024
All rights reserved.

Original Japanese edition published by Soshisha Co., Ltd.
Korean translation rights arranged with Soshisha Co., Ltd. through
Lanka Creative Partners co., Ltd. (Japan) and AMO AGENCY (Korea)

이 책의 한국어판 저작권은 AMO에이전시를 통해 저작권자와 독점 계약한
북노마드에 있습니다. 저작권법에 의해 한국 내에서 보호를 받는 저작물이므로
무단 전재와 무단 복제를 금합니다.

모두를 위한 철학 입문

사사키 아타루,
죽음을 배우는 시간

사사키 아타루 지음
안천 옮김

북노마드

들어가며

저는 2024년 여름에 이 글을 쓰고 있습니다.

당신은 '언제'인가요?

다음 해 봄인가요, 1년 후 여름인가요,
아니면 몇 년 후 가을인가요.
그것도 아니라면 몇십 년 후 겨울인가요?
제가 죽은 후, 제가 알 수 없는 여름인가요?

책을 쓴다는 것은 참 신기한 일입니다.
당신이 언제 이 책을 읽을지 저는 알 수
없습니다.

당신은 지금, 어디에서 이 책을 읽고 있나요?
서점의 새 책 소개 매대 앞인가요,

도서관인가요, 아니면 가족 중 누군가의
책장 옆인가요?

이 책은 어떤 모습을 하고 있나요?

잉크 냄새 풍기는 새 책인가요?
퀴퀴한 종이 냄새가 밴 헌책인가요?
아니면 태블릿에 흐르는 전자책인가요?

― 무엇보다 저는 당신이 누군지 전혀 알 수
없습니다.

아무래도 '철학 입문'이라는 제목이
붙은 책이니 철학에 관심을 가진 분이
아닐까 여겨봅니다. 그러나 '철학'이라는

일본어(한국어도 마찬가지로)는
필로소피philosophy를 니시 아마네*가 번역한
것입니다. 처음에는 '희철학希哲學'이라고
번역했다고 하더군요.

애초에 철학이란 '앎을 사랑하는 것'입니다.

'사랑한다'는 동사는 헤로도토스의
『역사』에 등장하는 소아시아 리디아의 국왕

---

* 西周, 1829-1897. 일본 최초의 근대철학자로 일컫는다. 네덜란드에서 법학과 경제학을 공부했다. 메이지 정부에서 관료로 일했다. 처음 철학(哲學)이라는 용어는 philosophy라는 서양 학문과 유학(儒學)을 비롯한 전통 학문 사이에 경합이 불가피했다. 니시 역시 네덜란드에 유학을 떠나기 전 philosophy를 '논리(論理)의 학', 즉 동양의 유학과 유사한 학문으로 이해했다. 그러나 2년 동안 네덜란드에서 공부하며 서양의 philosophy와 동양의 유학 사이에 이질성이 있음을 인식하고, 많은 근대학술어를 번역하고, 서구 학문을 수용하여 '학문의 영역[학역(學域)]'을 새롭게 구분했다.

크로이소스가 수도 사르디스를 방문한 그리스의 현인 솔론에게 건넨 말에서 유래합니다. 그러나 당신은 그보다 오래전 헤라클레이토스가 철학을 언급했다는 식의 이야기를 듣고 싶은 것은 <u>아닐 겁니다</u>.*

기왕 철학 입문서를 쓰기로 작정한 만큼 저 역시 '철학 입문'이라는 제목이 붙은 수십 권의 책을 읽어보았습니다. 그 책들은 대체로 두 가지 유형으로 나뉘더군요.
하나는 '간결한 철학사'라 불릴 법하고, 다른 하나는 '문제집'에 가까웠습니다.

---

* 일본어판에서 '방점' 처리된 부분을 본 책에서는 밑줄로 처리했음을 밝힌다.

'간결한 철학사'는 이름 그대로 철학의 역사를 압축적으로 서술한 책입니다. 고대 그리스 시대에서 시작하여 칸트, 헤겔, 하이데거로 이어지는 철학의 역사를 짧게 되짚는 거죠. 이른바 대륙 철학을 공부한 저자들이 많은 듯합니다.

'문제집' 유형은 저자가 '몸과 마음의 문제' '자유 의지의 문제' '신의 존재 증명 문제' 등 전통적인 철학적 문제를 다루고 해답까지 제시합니다. 대체로 영미 철학을 공부한 저자들이 눈에 띄더군요.

물론 어느 쪽이든 철학을 공부하는 데 도움은 되겠죠.

그러나 다시 말합니다.
당신은 그런 이야기를 듣고 싶은 게 <u>아니지</u>
않나요.

이 책은 그런 당신을 위해 쓴 책입니다.
그렇기에 다시 말합니다.
저는 당신을 모릅니다.

아, 그래도 당신에 관해 한 가지 정도는
맞힐 수 있을 듯합니다. 당신이 아무리
숨기려 해도, 이것만은 확실히 맞힐 수
있습니다.

나는 압니다.
당신은 결국 죽는다는 사실.

자, 우리의 철학 입문은 여기에서
시작합니다.

차례

들어가며 \ 4

1. 태어나는 것을 선택할 수는 없다 \ 14

2. '일단'과 '어쩌다' \ 18

3. 철학이란 죽음을 배우는 것 \ 32

4. 복제의 삶, 모조의 욕망 \ 40

5. 자기 자신의 죽음 \ 52

6. 죽음의 착취 \ 58

7. 죽음과 종교 \ 72

8. 불확실한 나의 죽음 \ 80

9. 장례 문화의 기원 \ 90

10. 의례의 문제 \ 98

11. '근거율'과 의례 \ 116

12. '구원'과 '기억'의 문제 \ 124

　　작가의 말 \ 160

　　해제 \ 166

1.
태어나는 것을 선택할 수는 없다

인간은 태어나는 것을 선택할 수 없다.
태어난 이상 언젠가 죽어야 한다.
세상에 이렇게 부조리한 일이?

당신은 죽는다.

나도 죽는다.
당신이 이 글을 읽고 있을 때 나는 이미
이 세상 사람이 아닐지도 모른다.

어디 이뿐인가.
인간은 누구도 태어나는 것을 선택할 수
없다. 그런데도 태어난 이상 언젠가
죽어야 한다.
세상에 이렇게 부조리한 일이?

"태어나겠습니까?"
"태어나도 괜찮겠습니까?"

누구도 이런 질문을 받고 "예"라고 대답하며 태어나지 않는다.
어느 시대에, 어느 곳에, 어떤 부모 아래 태어날지조차 선택할 수 없다.

인간은 참 이상하다.
죽어본 적이 없는데도 죽음을 두려워한다.

인간은 참 이상하다.
아무것도 허락하지도, 아무것도 동의하지도 않았는데 태어난다.
그리고 언젠가 죽어야 한다.

2.
'일단'과 '어쩌다'

'일단'과 '어쩌다' 외에는 살아갈 방도가 없다.
목적도 계획도 세울 수 없는 '기댈 곳 없는' 삶.
이렇게 부조리한 일이 어디 있단 말인가.

인간은 자신에게 주어진 삶을 살아가야
한다. 그러나 아무리 노력해도 인생의 비전
따위 좀처럼 세워지지 않는다.

나는 대학에서 철학을 이야기한다.
간혹 "교수님, 졸업하고 나서 무엇을 해야
할지 모르겠어요. 비전이 보이지 않아요.
어떻게 해야 할까요?"라는 질문을 받는다.

어쩔 수 없다.
인생이란 '일단'과 '어쩌다'로 이루어져
있다고 답하는 것 외에 방도가 없다.

즉, 인생은 우연이다.
'일단' 눈앞의 일을 제대로 하지 않으면

'어쩌다' 운 좋게 기회가 찾아와도 붙잡을 수 없다.

클린트 이스트우드 감독의 <15시 17분 파리행 열차>라는 참 이상한 영화가 있다. 일단 배우들이 온통 '발연기'투성이다. 그러나 이유를 들으면 고개가 끄덕여진다. 영화의 줄거리를 이루는 실화 속 당사자가 배우로 분해 연기하는 까닭이다.

주인공 스펜서는 캘리포니아에서 태어나고 자란 소년이다.
홀어머니 아래에서 자란 스펜서는 학교 선생으로부터 ADD^{주의력 결핍 장애} 판정을 받는다. 설상가상 또래로부터 괴롭힘을 당해 학교를 옮기게 된다.
그곳에서 두 친구를 만난다. 그들과
이별하고 다시 만나며 청년으로 자란다.

물론 청년으로 성장했다고 해서 당장 인생이
달라지지 않는다. 그런 인생은 존재하지
않는다.
심기일전! 스펜서는 '일단' 몸을 단련하고,
다이어트에 성공한다. 그리고 그토록
동경하던 군대에 입대한다.

스펜서가 지망한 곳은 공군 파라레스큐
대원.*

* Pararescue 또는 Pararescue Jumper. 줄여서 PJ나 PJs라고 부른다. 미국 공군 특수작전사령부 산하 제24 특수작전비행단에 소속된 PJ 특기의 STS 대원을 의미한다.

'일단'과 '어쩌다'

그러나 안타깝게도 깊이 지각depth perception
시험에 불합격해 '어쩌다' SERE 교관으로
배속된다.

SERE 교관이란 전투를 치르거나 혹은
불의의 사고로 인해 후퇴 또는 탈출할
수밖에 없는 병사들에게 생존법survival을
가르치는 사람이다. 적군에게 포로로
잡혔을 때 대처하는 법도 전수한다.

스펜서는 불만족스러웠다.
"인생에서 처음으로 온갖 힘을 쏟아부었는데
고작 이런 일을 하다니……."
좌절했다.

그러나 어쩔 수 없다. 스펜서는 '일단'
착실하게 훈련을 이수했다. '어쩌다' 보니
훈련 프로그램에 포함된 주짓수를 이수했다.
스펜서는 '일단' 열심히 익혔다.

훈련을 마친 스펜서는 포르투갈에
배치되었다.
유럽!
그는 '일단' 전학을 간 학교에서 우정을 쌓은
두 친구를 그곳에 초대한다.
인생에 한 번일지도 모르니까!

세 사람은 유럽을 일주하고 베를린에
당도한다.
다음 목적지는 프랑스.

베를린에서 세 사람은 '프랑스인은
심술궂어요'라는 이야기를 듣는다.
한 여성에게 '당신들에게 파리는 맞지 않아
보여요'라는 말도 듣는다. 프랑스에 가야
하나 말아야 하나.
세 사람은 고민한다.

바로 그때, 바^{bar}에서 '어쩌다' 만난 노인이
열변을 쏟아낸다. "파리야말로 최고의
도시지!"

세 사람은 '일단' 암스테르담으로 향했다.
그곳 중앙역에서 기차를 타고 파리로
향했다.

파리행 열차.

세 사람은 '어쩌다' 같은 열차에 타고 있던 테러리스트와 마주쳤다.

'일단' — 이라는 말이 어울릴지 모르지만 — 스펜서는 군대에서 '어쩌다' 익힌 생존법과 주짓수로 테러리스트를 제압하고, 총에 맞은 남성을 응급처치하는 데 성공했다.

불과 하룻밤 사이에 세 사람은 영웅으로 등극했다. 프랑스 정부는 레지옹 도뇌르 훈장을 수여했다.

2015년, 실제로 일어난 '탈리스 열차 총기 난사 사건' 이야기다.

어떤가.
스펜서와 두 친구 이야기에는 일정한
'비전'에 따라 '목적'을 정하고, '계획'하고,
'성공'에 이르러 '행복'을 얻는 과정은
존재하지 않는다.

지금, 이 책을 읽는 당신도 그렇지 않은가?
무언가 뜻을 두고 목적을 정한 듯하지만,
돌아보면 언제나 우연한 만남을 통해 목적에
이르지 않았는가.

백번 양보해 억세게 운 좋게 오래전부터
갈망했던 자리에 올랐다고 치자.
그것 역시 '일단' 익혀둔 지식이 '어쩌다'
힘을 발휘한 덕분일 것이다.

인생은 '일단'과 '어쩌다'로 이루어져 있다.
내가 출판사로부터 의뢰를 받아 철학
입문서를 쓰고 있는 것도 '어쩌다' 보니
'일단' 그렇게 된 건지도 모른다. (웃음)

인생은 어디에도 기댈 곳 없는 미덥지 못한
여정이다. 일단 쓰기로 한 이상 누구에게도,
어디에도 기댈 곳 없는 미덥지 못한 일이
아닐 수 없다.

방금 내가 소개한 영화 속 주인공도 자신이
세운 목적을 하나도 달성하지 못했다.
'어쩌다' 좌절한 인생을 '일단' 살았을
뿐이다.

'일단' 익힌 지식이나 기술을 파리행
열차에서 '어쩌다' 전면적으로 발휘하는
기회는 인생에 한 번뿐일 가능성이 높다.
'일단' 이마에 땀 흘리며 노력하여
쌓았더라도 '어쩌다' 보니 쓸모없는 경우가
훨씬 많다.

어쩔 수 없다.
인생은 '일단'과 '어쩌다'밖에 없다.

다시 말한다.
인간은 자신이 태어나고 싶은 시대와 장소와
상황을 선택할 수 없다.
'태어날지 말지'조차 선택할 수 없다.
그런데도 태어난 이상 언젠가 죽어야 한다.

어디 이뿐인가.

인간은 '죽는 법'조차 선택할 수 없다.

"나는 국가를 위해 장렬하게 죽을 거야"라고 결심해도 굶주림에 허덕이다가 개죽음을 당할 수 있다. "나는 나의 의지로 죽을 수 있는 안락사를 선택할 거야"라고 다짐해도 살아가며 생각이 바뀔 수도 있다. 그마저도 당사자가 명료한 의식을 지닌 채 의사를 표명했다는 사실이 받아들여지지 않아 근이완제가 투여되어 '죽임당하는' 일이 일어날 수 있다. 아니, 실제로 일어나고 있다.

운명이란 이런 것이다.
'일단'과 '어쩌다' 외에는 방법이 없다.

목적과 계획조차 세울 수 없는 '기댈 곳 없는'
삶. 이토록 부조리한 일이 또 있을까?

물론 '어쩌다' 태어났으니 '일단' 건강하게
살자는 사람도 있다. 괜찮은 인생을
영위하는 사람은 대부분 그렇게 살아간다.

그러나 여기에도 어쩔 수 없는 삶의
부조리함이 자리한다. '어쩌다' 권력자의
아들로 태어나 '일단' 국회의원 자리를
세습한 자는 부조리함 따위 느끼지 못할
것이다. 그런 '생각 없는' 사람들은 예외로
해두자. (웃음)

3.
철학이란 죽음을 배우는 것

누구든지 당신을 남기고 사라질 것이다.
당신도 누군가를 남겨둔 채 사라질 것이다.

애초에 무언가를 위해서 태어난 사람은 없다.

인생에 '목적'은 없다.
목적이 없어서 목적을 설정할 여지가 생길 뿐이다. 처음부터 나에게 묻지도 따지지도 않고 목적이 설정되었다면 그것은 노예의 삶이다.

물론 나는 '행복해지기 위해 태어났다'고 목적을 정할 수 있겠다. 그러나 '행복'처럼 지극히 애매모호한 개념이 또 있을까.

'행복이란 무엇일까'라는 물음은 '위[上]란 무엇일까'라는 물음과 비슷하다. 지금 대학 연구실에서 이 글을 쓰고 있는 내가 생각하는 '위'와 에베레스트산을 등정하는 산악인이 바라보는 '위'는 전혀 다른 장소를 지칭할 테니까 말이다.

행복도 마찬가지다.
사람마다 전혀 다르다.

무엇보다 '행복이란 무엇인가'를 보편적인 관점으로 논하는 일이 애초에 가능한지 의심스럽다.
"행복해질 수는 없다. 행복에 합당한 인간이 되려고 노력할 뿐이다."
철학자 칸트의 말이 당연하게 들리는 이유다.

'철학자란 참 칙칙한 인간이군.'
누군가 이 글을 읽으며 혼잣말을 되뇔지도 모른다. 당신이 옳다.
소크라테스는 '철학은 죽음을 연습하는 것'이라고 말했다.
몽테뉴는 '철학은 죽음을 배우는 것'이라고 적었다.

철학은 죽음을 두려워하지 않는 연습이다.

에피쿠로스도, 스피노자도, 니체도 모두 이렇게 말했다.

"나의 죽음을 경험할 수는 없다. 죽는 순간, 나는 세상에 존재하지 않는다. 따라서 죽음을 두려워할 필요는 없다."

어느 쪽이든 마찬가지다.
죽음을 두려워하지 않게 한다는 것을
빌미 삼아 '죽어야만 한다'는 사실을
외면하는 태도는 '철학 실격'이 아닐 수 없다.

당신은 이미 철학의 테두리에 앉아 있는
철학자다.
이 책을 읽기 시작했다는 것만으로도
'철학적'인 물음에 눈을 뜬 셈이다.
아니, 어쩌면 어릴 적 죽음을 접했던 순간,
이미 철학을 만났는지도 모른다.

친구 녀석에게 재밌는 이야기를 전해 들었다.

어느 날, 친구의 조카딸이 갑자기 울더란다.

"할머니도 할아버지도 엄마도 아빠도
고모도 삼촌도 모두 언젠가 죽어. 가장 어린
나만 남게 돼, 엉엉~"

"걱정하지 마. 그때는 네가 엄마나 할머니가
될 테니 혼자 남겨지는 일은 없어."
어린 조카를 위로하느라 진땀을 뺐다며
너털웃음을 지었다.

친구의 위로가 조카에게 도움이 되었을까?
친구의 말은 "(할머니, 할아버지, 엄마, 아빠,
고모, 삼촌……) 모두가 죽듯이 결국 너도
죽어"라는 게 아닐까.

인간은 살며 누구나 '철학적' 물음에 눈을 뜬다. 언젠가 다른 사람이 죽고, 언젠가 나도 죽는다는 사실을 알게 되는 바로 그 순간에 말이다.

'언젠가 나도 죽겠지.'

지금 이 책을 읽고 있는 당신은 언제 저 물음을 품었는가. 잠시 생각해보자.

누구든지 틀림없이 당신을 남기고 사라질 것이다. 당신도 누군가를 남겨둔 채 사라질 것이다.

4.
복제의 삶, 모조의 욕망

**어떤 욕망도, 어떤 체험도
미디어에 실리는 순간 '모조'가 된다.
'유일무이함'을 잃는다.
어디선가 주워들은 드라마 같은 이야기가 된다.**

자, 이번에는 다른 각도에서 접근해보자.

당신은 레오나르도 다 빈치의 명화 <모나리자>를 눈앞에서 감상하고 싶다는 소원을 품고 있다. 드디어 파리 루브르 박물관!

당신은 다시는 찾아오지 않을 이 경험을 이야기하고 싶어서 안달이 난다. 친구에게 대화창을 열어 감동적인 순간을 건네고, 소셜 미디어에 올려 팔로워와 공유한다. 블로그에 남기는 방식으로 내가 직접 본 <모나리자>를 알리고 싶은지도 모르겠다.

당신이 어떤 방식을 선택하여 자랑하는지는

중요하지 않다.

당신이 <모나리자>를 직접 보았다는 사실을
'알리는' 순간, 당신의 한 번뿐인 체험은
'유일무이함'을 상실할 테니까 말이다.
'흔해 빠진' 이야기, 어디에나 있는 진부하고
평범한 얘기로 전락할 테니까 말이다.

당신은 <모나리자>를 직접 감상하고 싶다는
진지한 욕망을 품었다.
그래봤자다. 소용없다.

비행기를 타고 파리에 도착해 루브르
박물관에 입성해 <모나리자>를 눈앞에서
마주했다. 그러나 지금 내 앞에 놓인 작품이
<모나리자>라는 사실을 어떻게 알게

되었을까?

그건 당신이 루브르 박물관에 당도하기 전
어디에선가 <모나리자>의 복제물을 보았기
때문이다. 눈앞의 <모나리자>는 당신이
어디에선가 보았던 복제물과 닮았을 뿐이다.

욕망의 대상은 '복제'다.
욕망의 대상이 복제라고 간주하면 '루브르
박물관에서 <모나리자>를 감상하고 싶다'는
당신의 욕망도 복제일 뿐이다. 타인의 욕망을
'모조한 것'뿐이다.

'버킷리스트'라는 말이 있다.
열이든지 백이든지 '죽기 전에 하고 싶은

일'을 쭉 적은 리스트를 말한다.

나폴리에 가고 싶다, 멋진 비치 리조트에서 사랑하는 연인과 황홀한 시간을 보내고 싶다, 서핑을 배우고 싶다, 바르셀로나에 가서 가우디의 사그라다 파밀리아 성당을 보고 싶다…….
버킷리스트에 적을 항목은 얼마든지 있다.

이렇듯 인간의 '욕망'은 진지하다.
'죽기 전에' 하고 싶은 일이니 당연하다.

그러나 모든 욕망은 타인의 욕망을 '모조'한 것이다. 누군가 하고 싶은 일, 그 일을 하면 사람들이 부러워한다고 여겨 욕망할 뿐이다.

19세기 철학자 헤겔의 말을 잠시 빌린다.

"욕망은 타인의 욕망이다."

모든 욕망은 '타인의 욕망'에 '오염'된
것이다. 나만의 유일무이한 독창적인 욕망은
존재하지 않는다.
욕망에서 비롯한 모든 '체험'도 어딘가에서
빌려 온, 타인의 욕망에서 비롯된
'복제'일 뿐이다. 욕망을 채우는 순간
그 '유일무이함'은 사라진다.

이 책을 읽고 있는 당신도, 이 책을 쓰고
있는 나조차 피할 수 없는 잔혹한 사실이
있다. 이 책을 쓰고 있는 나에게 당신이 꼭

당신일 필요는 없다.
유일무이한 '당신'일 필요는 없다.

애당초 나는 불특정 다수를 향해 이 책을 쓰고 있다. '당신이 아닌 다른 누구'일지라도 개의치 않는다.

내가 못된 인간일까?

당신도 '내가 아니어도' 상관없지 않은가.
당신은 그저 철학에 관심이 생겨나 이 책을 읽는 거 아닌가.

저자가 사사키 아타루여야 할 이유는 없다.
다른 누구라도 상관없다.

사사키 아타루라는 남자의 유일무이함 따위
아무짝에도 쓸모없다.
철학자라는 사람이 "서핑을 배워 연인과
비치 리조트에서 좋은 시간을 만끽했으니
다음에는 나폴리에 가야겠군" 따위의 글을
쓰면 그런 뻔한 이야기는 집어치우라고
손가락질할지 모른다.
나도 그렇게 생각한다. (웃음)

우리는 '유일무이한' 존재라는 근거를
잃었다.
'대체가능한' 존재로 전락하고 말았다.

자, 남은 이야기를 마저 나누자.
'언어'라는 근본적인 미디어부터

소셜 미디어까지.
어떤 욕망도, 어떤 체험도 미디어에 실리는
순간 '모조'가 된다. '유일무이함'을 잃는다.
어디선가 주워들은 드라마 같은 이야기가
된다.

모든 체험을 '공유share'하는 순간 공유라는
행위는 진부해진다.
"소중한 팔로워들에게, 내가 겪은 귀중한
경험을 나눌게!"라고 공유하는 순간,
나의 유일무이한 경험은 평범해진다.
'고유성'은 물론 '공통성'이라는 '고유성'마저
사라진다.
나만의 유일무이한 체험뿐만 아니라
다른 사람과 함께한 체험의 유일무이함도

사라진다.
나만의 '고유함'도, 타인과의 '공통된 경험'도 빼앗긴다.
결국 우리는 모조의 삶을 살아간다.

모든 존재가 모조로 전락한 세상에서 개인의 체험을 고백한들, 둘도 없는 절친과 함께한 체험인들 무슨 의미가 있을까.
어디에나 있을 법한 '드라마 같은' 이야기에 지나지 않는다.

5.
자기 자신의 죽음

나의 죽음은 내가 죽을 수밖에 없다.
당신의 죽음은 당신이 죽을 수밖에 없다.

죽음은 '공유'된다.
단절을 유지한 채로.

우리는 죽음에 다다르며 처음으로 같은
존재 양태에 이른다.

여기, '모조'가 아닌 경험이 있다.
나에게 고유하면서도 모든 사람에게 공통된
단 하나의 경험.

여기까지 읽은 만큼 당신도 눈치챘으리라.
바로 '죽음'이다.

나의 죽음은 내 것이다.
누구도 나 대신 죽을 수 없다.

당신의 죽음은 당신이 죽어야 한다.
당신이 죽을 수밖에 없다.
'복제의 죽음'도 '모조의 죽음'도 아니다.
참된 죽음 외의 죽음은 존재하지 않는다.
'대신 죽는 것'도 불가능하다.

바다에 빠져 허우적거리는 아이가 있다고
하자.
당신은 용기를 내어 바다에 뛰어들어 아이의
목숨을 구한다.
그러나 안타깝게도 아이를 구하느라 지친
당신은 물에서 나오지 못해 죽고 만다.

당신은 아이 대신 사망한 것일까?
아니다.
언젠가 그 아이도 죽는다.
당신이 아이를 살렸다고 해서 아이가 죽지
않는 게 아니다.

사람은 누구나 죽는다.
죽음을 비켜 가는 사람은 없다.

죽음이라는 유일무이함.
그것이야말로 모두가 '공유'하는 유일한
경험이다.

당신이 이 글을 읽고 있을 때 나는
죽었을지도 모른다. 사사키 아타루가
죽는다는 건 분명한 사실이니까.
어쩌면 키보드에서 손을 떼자마자 죽을지도
모른다. 어떻게든 이 책을 마무리해서
당신에게 전해질 그날까지 살고 싶지만.

아무튼 나의 죽음은 내가 죽을 수밖에 없다.
당신의 죽음은 당신이 죽을 수밖에 없다.

죽음은 '공유'된다.

단절을 그대로 유지한 채로.

우리는 죽음에 다다르며 처음으로 같은 존재 양태에 이른다.

그러나 우리가 경계해야 할 중요한 사실이 있다.

죽음의 착취!

다음 장에서 좀 더 자세히 살펴보자.

6.
죽음의 착취

삶은 유한하다.
삶은 '의미' 있고 '빛'난다.

죽음을 통해 삶에 의미가 생겨난다?
어디에서 들었지?

옛날, 옴진리교라는 사이비 교단이 있었다.
도쿄 지하철 사린 사건!

그들은 독일 나치가 개발한 '사린Sarin'이라는
화학무기를 도쿄에 살포하여 무차별 학살을
감행하려고 했다.
사린이라는 독극물은 살상 능력이 너무
높아서 나치조차 사용을 망설였다고 한다.
옴진리교라는 사이비가 얼마나 미쳤는지
짐작할 수 있다.

그때, 나는 대학생이었다.
사건이 발생한 날, 나는 조금 늦게 집에서
나와 학교로 향했다. 그런데 집에서 가장
가까운 지하철역이 폐쇄된 게 아닌가.

만약 늦게 집을 나서지 않았다면……
피해자 중 한 명이 되었을지도 모른다.

그날 이후, 옴진리교가 신도를 세뇌하는
장면을 담은 비디오를 보았다.
수많은 죽음의 이미지, 대량 학살의 이미지
사이로 "언젠가는 죽는다. 반드시 죽는다.
절대로 죽는다. 죽음은 피할 수 없다"는
음성이 끊임없이 반복되었다.

"죽음은 피할 수 없다. 얼마 남지 않은 너의
삶을 교주에게 바쳐라. 그것이 가치 있는
삶이다"라는 논리를 신도들에게 주입시키고
있었다.

결국 그들은 잔혹한 만행을 저질렀다.

그렇다면 사이비 종교만 그럴까?

우리는 죽는다.

삶은 유한하다.

그렇기에 삶은 가치 있다.

죽음을 의식하기.

그리하여 나에게 주어진 한 번뿐인 삶을

'생생하게' 살아가자는 논리는 여기저기에서

'저렴하게' 유통되고 있다. 서점을 수놓은

자기계발서를 비롯해 사방에 넘쳐난다.

이쯤에서 질문 하나.

우리는 언젠가 죽는다, 삶은 유한하다,

그렇기에 삶은 '의미' 있고 반짝반짝
'빛난다'는 논리는 어디에서 듣지 않았는가.
죽음을 통해 비로소 삶에 의미가 생겨난다!
이것이야말로 '국가'가 가장 많이 사용하는
논리가 아니던가.

우리는 죽음을 자각하고,
유한한 삶을 영위한다.
국가는 늘 이렇게 강조한다.
유한하기에 더없이 소중한 삶을
높은 가치를 구현하는 '국가'를 위해
희생하자.
개인의 생사를 초월하여
의미 있는 '영원한 삶'에 동참하자.
이른바 '조국을 위한 죽음'(에른스트

칸토로비치)*이다.

다시 반복한다.
삶은 유한하다.
우리는 언젠가 '죽을 운명'이다.

국가가 전쟁을 일으켰다.
당신은 국가의 부름에 따라 참전하여
전사하고 말았다. 국가는 당신의 죽음을
'숭고한 희생'으로 칭송한다. 당신의 죽음이
초석이 되어 '국민'이 존재한다고 예찬한다.
좋든 싫든 당신의 삶과 죽음에 '의미'가

---

* Ernst Hartwig Kantorowicz, 1895-1963. 중세 정치, 역사, 예술을 연구한 독일 역사가. '국가'(State)라는 개념이 없던 시절, '국가'라는 개념이 어떻게 등장했는지를 고찰하는 『왕의 두 신체』는 중세 정치사상사에 관한 명저로 꼽힌다.

죽음의 착취

부여된다. 모든 나라가 그렇다.

국가 혹은 민족의 '삶'은 개인의 삶과 달리
'영원'에 가깝다.
당신은 죽음을 통해 국가라는 영원성에
가까워진다.
삶의 유한성 혹은 죽음을 극복할 수 있다고
믿는다.

과연?
국가는 그저 '숭고한' 지위를 유지하기 위해
국민에게 희생을 요구하는 게 아닐까?

계속 이어가자.
국가는 전쟁에 참전해 목숨을 잃은 사람들을

한곳에 모은다.
그들을 기념하기 위해 '제사'를 연다.
그리고 이렇게 말한다.

"당신의 존귀한 희생 덕분에 평화가
유지되고 있다."
"자신의 인생을 희생한 사람들 때문에 지금
우리가 있다."

국가의 언어는 "그러니 당신도 나라를 위해
기꺼이 희생해야 한다"는 말로 이어진다.
개인의 희생을 확산시키는 더할 나위 없는
구실로 삼는다.

국가는 국민의 희생을 요구한다.

국가는 희생자를 발판 삼아 야욕을
확장한다.
국가는 국민의 희생을 예찬하며 국가를
존속시킨다.

"병사는 죽임을 당하기 위해 만들어진다."
나폴레옹 보나파르트의 말이다.

한 나라의 병사는 다른 나라의 병사를
죽인다.
동시에 병사는 '죽임을 당하기 위해'
존재함으로써 국가의 영원성과 숭고함을
드높인다.
병사는 국가의 목적을 위해 '만들어진다.'

"국가는 신성한 영광으로 치장하고 요란한
소리를 내며 달리는 죽음의 말을 발명한다."
"국가는 많은 사람을 위해 죽음을
발명한다."
니체의 말 그대로다.

국가는 여전히 이렇게 말한다.
"전몰자를 위한 제사는 그들을 영원히
기억하는 의식이다."

다시 니체를 인용한다.
"국가가 무슨 말을 하든지 거짓말이다."

그렇다.
제사는 '죽임당하기 위해 만들어진' 병사의

비참한 죽음을 은폐한다.

제사는 '망각'을 위해 행해진다.

'죽임을 당하기 위해 만들어지는' 편과

'죽이기 위해 만드는', 즉 '병사를 내보낸' 편

사이의 계급적인 차이를 해소한다.

국가는 전쟁에서 희생당한 자를 '제사'라는

이름으로 독점한다.

제사라는 이름의 국가의 특권은 국가에

의해 희생된 한 사람 한 사람의 '죽음'을

'착취'한다.

물론 병사의 유족은 가족이 전쟁에서

'무의미'한 죽음을 맞았다고 생각하지

않는다.

고인의 상실을 '고귀한 가치'로 정당화하는
것은 당연하다.
자식의 희생은 '나라를 위해서'이다.
그 죽음은 영광으로 빛나야 한다.

그러나 유족의 간절한 마음은 결국 희생을
요구하는 국가의 속셈과 결탁하고 만다.
'죽음의 착취'는 더욱 견고해진다.

7.
죽음과 종교

참된 삶, 영원한 삶에 이르기 위해서는
반드시 '죽음'을 거쳐야 한다.
삶과 죽음은 겹쳐 있다.

천국은 실제^{real} 삶과 동떨어져 있다.
'영원한 삶'은 죽어 있다.
죽음과 닮아 있다.

지금까지 우리는 죽음의 확실성에서 출발해
유한성의 자각까지 도달했다.
이 지점에서 '도약'해 숭고한 대의와 위대한
국가를 위해 죽는다는 위험하기 짝이 없는
통로를 함께 걸었다.

'인간은 혼자 죽을 수밖에 없다'는 말을 종종
듣는다.
우리는 고독하고 개별적인 하찮은 죽음을
'의로운 죽음'으로 바꾸려고 한다.
개인의 짧은 생명을 초월해 '영원한 삶'에
동참하려고 한다.

죽음에 관한 이러한 생각은 지극히
'종교적'이다.

기독교, 유대교, 이슬람교 같은 일신교는
천국에 영원한 삶이 존재한다고 믿는다.
인간은 저마다 '자기 자신의 죽음'을
맞이한다.
마침내 '최후의 심판'이 내려진다.
부활하여 천국에 간다.
영원한 삶을 얻는다.

곰곰이 생각하면 매우 기이한 이야기가
아닐 수 없다.
'참된 삶', 즉 영원한 삶에 이르기 위해
반드시 죽음을 거쳐야 한다니……
삶과 죽음이 겹쳐 있다고 해야 할까.

어느 종교든지 '천국에서의 영원한 삶'을

애매모호하게 묘사한다.
황홀한 음악이 들린다, 젊음을 유지할 수 있다, 선녀가 환대한다는 식이다.
이토록 통속적이라니, 난감한걸. (웃음)

아니, 난감하다기보다는 — 천국은 실제real 삶과 동떨어져 있다. — 운동이나 변화가 제거된 인위적인 느낌이다.

좀 더 명확히 말하자.
'영원한 삶'은 죽어 있다.
너무나 죽음과 닮아 있다.

불교는 정반대다.
불교에서도 '죽음'이 승리한다.

인간은 죽는다. 누구도 사랑하는 사람을
죽음에서 구할 수 없다. 아침에 멀쩡히 길을
걷던 사람이 저녁에 송장으로 돌아왔다.
— 이런 이야기가 끝없이 계속된다.

다른 종교와 마찬가지로
불교 역시 '죽음의 확실성'을 거듭 강조한다.
그러나 불교에서 개별적인 죽음은 극히
'경량화'되어 있다. 바로 '윤회輪廻' 때문이다.

나는 죽는다.
그리고 다음 생에 한 마리 모기로 환생한다.
— 그런 벌을 받을 정도로 나쁜 짓을 한
기억은 없지만, 일단 그렇다고 해두자.

그러나 아무리 모기라고 해도 살아 있다는
점은 같다. 죽음은 곧바로 다음 내세의
삶으로 전환된다. 결국 삶의 연쇄가
이어진다.

일체개고一切皆苦.
불교에 따르면 삶은 고통이다.
부활의 기쁨은 없다.
부활로 인한 고통의 끝없는 연장만이 있을
뿐이다.

'가짜 죽음'에서 '다음의 괴로운 삶'으로
이어지는 연쇄에서 벗어나 '진정한 죽음'을
맞는 것, 다시 말해 '해탈'하여 '열반'에
이르는 것.

두 번 다시 태어나지 않는 것.
다시는 모태에 들어가지 않는 것.
이것이 불교의 스토리텔링이다.

'개개의 죽음' 저편에 '영원한 삶'이 자리한
일신교와 달리 '개개의 죽음' 너머에는
'내세의 삶'이 있다.
나아가 그 저편에는 '영원한 죽음'이 있다.

이렇게 설명하노라니 이른바 종교에서는
삶과 죽음이 늘 겹쳐 있어서 삶과 죽음이
동일하다는 인상을 받을지도 모르겠다.
당신이 느끼는 위화감을 그대로 유지한 채
다음으로 넘어가자.

8.
불확실한
나의
죽음

인간은 고독하게 죽는다.
'사람은 죽을 때 혼자'다.

그러나 타자가 없으면
'나'는 죽을 수 없다.
죽음을 끝마칠 수 없다.

여기에서 한 가지 문제가 떠오른다.
'죽음'이 그토록 확실한 것일까?

예를 들어 내가 자살을 결심했다고 하자.
왠지 자꾸 죽는 것 같지만. (웃음)
여러 방법을 찾다가 비교적 간단한 방식으로
목을 매달기로 결정했다.
그런데 준비할 게 한두 가지가 아니다.

우선 목매달 줄을 검색한다.
'이 줄이 자살하기 딱 좋아요'라고 암시하는
어느 사용자의 후기를 읽는다.
설마 실행하고 나서 적은 건 아닐 테니
참고만 하자.

목을 매달려면 발판이 필요하다.
세를 들어 살고 있는 아파트 주인에게
민폐를 끼치면 안 되니 근처 공원에서
결행하기로 했다. 공원에서 매달기 편하도록
접이식 의자도 구입한다.

대개 목을 매달고 나서 30분 동안 발견되지
않으면 확실히 죽는다고 한다.
어중간하게 발견되어 장애를 입은 상태로
남은 인생을 사느니 발견되지 않은 채 30분
남짓 매달릴 수 있는 한밤중이 낫겠다.
손전등이 필요하다!

아무튼 이것저것 서둘러 준비해 달력에
X표를 쳐둔다.

아무도 몰래 집을 빠져나와 칠흑같이 어두운
공원에서 매달기 알맞은 가지가 달린 나무를
찾는다.
줄을 묶는다.
의자를 놓는다.
목을 건다.
의자를 발로 차면…….

나는 확실하게 죽고 싶다.
죽음을 확실하게 결행한다는 것은 행동을
'끝마치는' 순간까지 확인해야 함을
의미한다.
도서관에서 책을 빌리고 반납한 기억이
없다면 '책을 반납한' 게 아니듯이.

그런데 자살을 '끝마치는' 게 가능할까?

누구도 죽고 나서 자신의 시체를 눈으로
관찰할 수 없다.
누구도 자기 자신의 죽음을 확인할 수 없다.
절대적으로 불가능하다.
이건 자살에만 국한되지 않는다.

나는 나만의 고유한 죽음을 끝마칠 수 없다.
다시 말해, 나는 죽지 못한다.
따라서 "너는 반드시 죽는다. 그 목숨을
(대의를 위해) 바치라"라는 논리는 성립하지
않는다.

정리하자.

죽음이란 늘 '타인의 죽음'이다.
죽음은 불특정한 '사람'에게 찾아온다.

우리가 체험하는 죽음은 늘 '타인의 것'이다.
나에게만 존재하는 '나의 죽음'을 체험할
방법은 존재하지 않는다.
당신의 죽음은 언제나 타인의 시선을 통해,
타자의 확인을 통해 이루어진다.

철학이 오래도록 묻는 질문이 있다.

내가 당신에게 파란색을 보여준다.
이것은 파란색이라고 말한다.
당신도 동의한다. 파랑은 파랑이니까.

그러나 나와 당신이 정말로 같은 색을
가리키며 파란색이라고 말하는 걸까?
완전히 다른 색을 '파랑'이라는 이름으로
부르는 건 아닐까.

이렇듯 색깔을 보고 말하는 기본 인식에서도
사람과 사람 사이의 경험은 '공유'할 수 없다.
파란색을 눈앞에 두고 각자의 파란색을
말하듯이 우리는 현기증이 날 것 같은
극단적인 '고독' 속에 존재한다.
그리고 죽을 때도 인간은 고독하게 생을
마감한다고 여긴다.
'사람은 죽을 때 혼자'라고 말한다.

아니다.

타자가 없으면 '나'는 죽을 수 없다.
죽음을 끝마칠 수 없다.

바로 이 지점에서 주체의 고독은 보상받아야 마땅하다.
'장례'라는 의식이 인간 세계에서 사라지지 않는 이유다.

9.
장례 문화의 기원

장례는 오로지 인간의 것이다.

지구에서 추모 의식을 행하는 존재는 인간뿐이다.

물론 여기에도 의문이 따른다.
'장례'를 어떻게 생각해야 할까.

다시 말한다.
장례 혹은 추도 의식은 개인의 희생을
요구하는 국가에 이용당하기 마련이다.
나라를 위해 희생한 병사를 애도하는 행위는
국가 의례의 핵심이다.
국가가 권력을 휘두르기 위해 꼭 필요한
절차다.

그래서일까.
'나의 죽음의 불가능성'을 자각한 우리에게
장례는 '온당치 않은' 문화로 다가온다.
물론 장례 그 자체는 전혀 문제 되지 않는다.

장례 문화의 기원

장례가 온당치 못한 경우는 하나, 개인의 희생을 요구하는 국가에 이용되어 '죽음의 착취'가 이루어질 때다.

인류 문화의 기원에는 언제나 장례가 자리했다.
동물 가운데에도 인간과 가까운 종^{種}은 동료가 죽으면 슬픔의 감정을 느낀다고 한다.
그럼에도 동물은 결국 시체를 두고 떠난다.

인간은 다르다.
아주 오랜 옛날부터 죽은 자를 애도하기 위해 온갖 힘을 쏟았다.
동물도 도구를 사용한다. 언어는 아니더라도 단순한 기호도 사용한다.

그러나 지구에서 추모 의식을 행하는 존재는
인간뿐이다.
고고학자가 발굴 조사를 통해 무덤을 찾고,
내부에 정중히 매장한 흔적을 발견했을 때
비로소 인류는 '문화'를 가졌다고 말할 수
있다.
무덤에는 장식품, 주물 등 다양한 부장품이
묻혀 있다. 아마도 노래와 춤과 기도를
바쳤으리라.

우리는 무덤에서 문화의 기원을 찾는다.
인간이 가까운 사람의 시신을 쓰레기처럼
내다 버린 채 아무런 마음의 고통을 느끼지
못한다면 문화는 상실될 것이다.
장례를 '시체 처리'로 여기는 날이 와서는

안 될 것이다.

그러나 '생의 철학'을 신봉하는 자들은 ―
지금도 많지만 ― 장례의 실천 혹은 죽음을
싫어한다. 심지어 멸시한다.

4년 전, 내가 열다섯 살 때부터 동경한,
직접 뵌 적도 있는 작가가 세상을 떠났다.
고인의 가족은 가족장으로 조촐하게 고인을
모셨다.
가족이 아닌 사람은 참석할 수 없었다.
하필 여러 사고를 당해 건강이 좋지 않았던
나는 그분의 죽음과 동시에 우울증 진단을
받았다. 집필은커녕 대학을 휴직할 정도였다.

그로부터 3년 동안 나는 '죽음'에 관한 여러 생각에 사로잡혔다. '누가 나를 죽여주었으면' 하는 생각을 품기도 했다.

그러던 어느 날, 유족 한 분이 작가님의 '공부 노트'를 보내주었다.
한 권은 한시漢詩를 정성껏 필사한 한자 노트였고, 다른 한 권은 고전 그리스어와 독일어를 옮긴 단어장이었다.
노트에 적힌 날짜가 최근이었던 점으로 미루어 인생의 마지막 순간까지 공부를 지속했던 작가의 모습이 어른거렸다.

노트를 받은 순간, 나는 급속도로 건강을 회복해 지금처럼 글을 쓸 수 있게 되었다.

그분의 유품은 지금도 소중히 간직하고 있다. — 내가 겪은 에피소드가 (생의 철학을 주장하는 자들로부터) 경멸받을 이유는 없다고 생각한다.

10.
의례의 문제

깃발, 배지, 기념 건축물, 노래, 유니폼……
'의례'이자 '축제'를 구성하는
감성에 호소하는 매개물 없이
인간은 통치되지 않는다.

의례가 없는 사회는 존재하지 않는다.

애초에 인간 사회에서 장례와 의례를
배제하는 게 가능할까.

일단 나는 의례나 의식을 몹시 싫어한다.
입학식, 졸업식, 결혼식에 참석하지 않는다.

이런 나조차 의례의 중요성을 부정하지
않는다.
니체가 『도덕의 계보』에서 제기했던 문제의
틀을 바탕으로 살펴보기로 하자.
늘 그렇듯이 텍스트에 갇히지 않은 채
현실을 기준 삼아 논의하자.

한마디로 의례는 교육이고, 교육은 의례다.
좀 더 강한 단어를 사용하면 '길들이기'다.

의례란 감성적인 반복을 통해 '주체'를
형성하는 절차다.
어렵지 않다.
'마'라는 글자를 예로 들어보자.
정확하게 '마'라고 쓸 수 있게 된 어린 시절을
떠올려보자. '다'도 아닌 '바'도 아닌 '마'라고
쓸 수 있을 때까지 연필을 손에 쥐고 쓰기를
반복했을 것이다. 그렇게 익혔을 것이다.

그런데 '마'가 '마'라는 모양이어야 할 이유는
없다. 애초에 이유 따위 존재하지 않으므로
반복함으로써 신체에 '각인'해야 한다.
그 행위를 통해 글자를 쓸 수 있는 '주체'가
형성된다.

근대 여명기, 유럽의 '근대 국가'가 '공교육'을
도입했을 때 기독교는 저항했다.
그들에게 교육은 의례이자 종교의
영역이었다.
지금도 종교법인이 학교를 설립해
운영한다. 기독교계 학교, 불교계 학교,
신도*계 학교 등 그야말로 다양하다.
이유는 하나, 종교가 한때 점유했던 '의례'가
'교육' 자체였기 때문이다.

이 점에 관해서는 여러 연구가 따른다.
일본은 메이지 시대에 징병제가 시행되기
전까지 성인이 부동자세로 서서 각을 맞춰

---

*   神道, 일본 고유의 종교. 자연과 조상 숭배를 기반으로 삼아
다양한 신들을 숭배하는 신앙 체계다.

행진하지 못했다고 한다.

비틀비틀.

그런데 군대에만 갔다 오면 자세가 좋아진다는 이야기가 널리 퍼졌다. 군대라는 권력 장치가 '의례'를 반복함으로써 '국민'의 신체를 형성한 것이다. 물론 '죽임당하는 병사의 신체'라는 나폴레옹의 말처럼 마냥 좋은 일만은 아니었다.

중요한 이야기는 여기서부터다. 의례에는 '시선의 교차'가 필요하다는 것이다.

이 점 역시 니체가 명료하게 다루었다.

의례의 장에는 '눈에 보이는 숭고한 대상'이
필요하다.
국가를 상징하는 국기이거나 국가 지도자의
사진일 수도 있다. 장례식이라면 영정일
테고, 열병 의식이라면 군대 총사령관이나
왕이나 황제의 신체일 수도 있다.

의례의 장.
그것을 '보는' 각각의 신체는 반대로 '보인다.'
'감시' 아래 놓인다.

딱히 어려운 얘기는 아니다.
의식에 참석하면 자신의 행동거지나 복장이
예법에 맞는지 아닌지 '다른 사람의 눈'에
신경을 기울이기 마련이다.

열병 의식에 참가하는 병사는 총사령관(왕, 황제)의 시선에 노출된다.
학교에서도 운동회 같은 의례의 장에서 국기나 교기를 우러러보며 교사들의 '감시' 아래 놓여 있었다.
애초에 교실에서 '마'라는 글자를 연습했을 때부터 우리는 감시 대상이었다.

다시 따지고 들다 보니 의례 혹은 의식이 더욱 싫어졌다. (웃음)
의례가 너무도 싫어 고등학교를 중퇴한 나로서는 당신의 마음을 충분히 이해하고도 남는다.

아이러니하게도 지배자의 권력과 의례에

반항해 봉기하는 사람조차 의례가
필요하다.
깃발, 노래, 상징, 배지, 마크, 로고, 구호,
통일된 의상, 춤, 신체 동작이 필요하다.
'보는 것'과 '보이는 것'의 교차가 필요하다.

올림픽이나 프리미어 리그 같은 해외
축구에서도 의례의 필요성은 여전하다.
내가 즐겨 보는 잉글랜드 프리미어 리그에서
경기를 앞두고 누군가의 죽음을 추도하며
묵념하고, 인종차별을 반대하는
퍼포먼스를 행하고, 팀의 깃발이나
상징물을 내걸고 노래하는 모습을 종종
볼 수 있다.
현대 축구는 다국적 기업이 지배하는

세계적인 '서커스'에 지나지 않는다고
비판하다가도 나도 모르게 빠져들곤 한다.
(웃음)

어떤 '신체'가 '형성되는' 장소, 즉 어떤
양식의 '주체'가 '설정되는' 시공간에서는
반드시 의례가 필요하다.

이쯤에서 명확히 구분하자.
'신체를 길들이고, 주체를 설정하는' 의례는
꺼림칙하지 않다.
니체가 말하는 '선악의 피안彼岸*'에

---

* '피안'이라는 한자를 풀이하면 '건너편'이라는 뜻이다.
여기에서 '선악의 피안'은 니체의 책 제목으로 '선/악의 잣대로 재단할 수 없는 경지'로 해석할 수 있다.

자리한다.

깃발, 배지, 기념 건축물, 노래, 유니폼……
'의례'이자 동시에 '축제'를 구성하는 감성에
호소하는 매개물 없이 인간이 통치된 적은
없다.
'의례 없는' 사회는 존재하지 않는다.

다시 말한다.
의례로 이루어지는 사회에 저항하는 자들도
노래를 부르고, 춤을 추고, 똑같은 티셔츠를
맞춰 입는다.
우리는 의례를 생략할 수 없다.
우리가 의례를 폐기하는 경우는 의례 자체가
낡고 신진대사를 잃어 실제 생활에 맞지

않을 때다. 의례가 '악한' 주체를(차별, 학살, 식민주의, 죽음의 착취) 낳을 때뿐이다.

의례는 선도 아니고, 악도 아니다.

지금까지 철학은 이 점을 자각하지 못했다. 의례나 의식 따위 사회학이나 인류학의 조사 및 연구 대상이라고 여겼다. 철학과 관계없다고 경시했다.

그러나 철학자들도 장례식에서 눈물을 흘리고, 대학에서 박사학위를 기념하는 의식에 참석하지 않던가. 대학 교수로서 대학 의례에 참석하고, 지식인의 의례라고 불리는 학회나 심포지엄에 희희낙락하며 참가하지 않았는가 말이다.

나의 행동을 의식하지 않는 태도.

나치즘에 가담했던 하이데거와 마찬가지로
학살을 반복하는 시오니즘*을 옹호하는
유럽의 철학자들에게 묻고 싶다.

"당신은 어떤 의례에 참여하고 있는가?
당신은 어떤 주체로 자신을 설정하고
있는가?"

프랑스 혁명을 목도한 프리드리히 폰

---

* 시온주의, Zionism. 팔레스타인 지역에 유대인 국가 건설을
목적으로 한 민족주의 운동.

의례의 문제

실러*가 말했듯이 사회적 변혁의 문제는
궁극적으로 교육의 문제로 귀결된다.

실러는 동시대인으로서 프랑스 혁명에
찬동했다. 동시에 '헛된 바람'으로서 혁명이
왜 실패로 끝날 수밖에 없는가를 논의했다.
'아래로부터' 솟구쳐야 했던 혁명이 어느새
'위로부터' 하달되는 혁명으로 전락하여
실패하고 말았다는 그의 발언은 오늘날
변혁을 추구하는 사람들이 여전히 깊이

---

*   Friedrich Schiller, 1759-1805. 독일의 극작가, 시인, 철학자, 역사학자. 계몽주의와 고전주의의 영향을 받아 인간의 자유와 존엄성, 미학적 이상을 고민했다. 비극적 희곡과 시를 통해 인간의 내면적 갈등, 도덕적 딜레마, 이상주의적 가치를 탐구했다. 그의 시「환희의 송가(An die Freude)」는 인간의 형제애와 평화를 찬미하는 내용으로, 훗날 루트비히 판 베토벤이 교향곡 9번의 마지막 악장에 사용하면서 세계적으로 알려졌다.

새겨들어야 할 것이다.

개개의 주체가 '혁명적인 주체'로 설정되어 있지 않을 때 혁명은 '상의하달上意下達, top down'로 흐른다. 독재가 된다.

혁명을 '아래에서 위로bottom up' 올리려면 어떻게 해야 할까?
혁명을 민주적으로 만들기 위해서는 개개의 주체가 '재설정'되어야 한다.

실러는 '재설정'을 인간을 만드는
'예술'이라고 정의한다.
'교육적이고 정치적인 예술가'에 의한 예술.
'인간을 제조'하는 예술.

한마디로 '교육'은 '의례'라는 것이다.

새로운 사회를 위해서는 새로운 의례에 의한 새로운 주체가 형성되어야 한다.
그렇지 않을 때 혁명은 독재로 끝난다.

참 난해한 문제다.
특정한 의례가 특정한 주체를 형성하다 보면 우연이 끼어들기 마련이다.
자칫하다가는 비참한 미래를 초래할 수도 있다.

그러나 역사가 시작된 순간부터 지금까지 '의례를 행하는 존재'로 살아온 인류는 늘 이 물음을 마주했다.

이 질문은 영원히 사라지지 않을 것이다.
인간을 인간으로 존재하게 만드는 질문인
까닭이다.

인간은 '왜?'라고 물을 수밖에 없는 존재이기
때문이다.

11.
'근거율'과 의례

모든 것은 이유가 있다.
'근거율'은 감각적인 반복을 통해 '주입된'
결과다.
넓은 의미의 '의례'를 필요로 한다.

감각적인 반복을 통해 근거율을 체득한 주체.
우리는 만들어진다.
길들여진다.

인간은 '묻는' 존재다.
인간을 정의하는 명제에 반대하는 철학자는
없을 것이다.

그러나 그 '물음'이 — 특히 '왜'라는 물음이
— 가능한 시공간이 어떻게 설정되는지
생각해야 하지 않을까.
바로 이 지점에서 '근거율'의 문제가
떠오르니까 말이다.

근거율?
글자만 보면 딱딱해 보이지만 단순하다.

근거율이란 '모든 것은 근거 없이 존재하지
않는다' '모든 것에는 근거가 있다'는 명제다.

라이프니츠에서 하이데거에 이르는 철학의 전통에서 근거율은 '모든 것에는 이유가 있다' '모든 결과에는 원인이 있다'는 명제와 동일하다.
요컨대 '모든 것에는 근거가 있고, 이유가 있고, 원인이 있다'는 것이다.

자, 이 글을 읽는 당신이 이런 질문을 던졌다고 치자.

"사사키 아타루 씨, 의식을 싫어한다면서 의례를 중요하게 여기는 이유는 대체 무엇인가요?"
"아까부터 계속 니체를 인용하시네요. 니체를 유독 좋아하는 이유가 있나요?"

이런 '물음'이 가능하려면 어떤 전제가
필요하다. '모든 것에는 이유가 있다'는
전제가 그것이다.

아이들도 철이 들면 "왜?" "어떻게?"를 입에
달고 다녀 부모를 곤란하게 만든다.
철학자는 물론 과학자도 '모든 것에 근거와
이유와 원인이 있음'을 전제로 삼는다.
천진난만한 아이부터 고도의 전문성이
요구되는 연구자까지, '근거율'은 공통된
전제다.

우리는 근거율을 이미 알고 있다.
모든 것에 근거가 있다고 여기며 살아간다.

그런데 여기서부터 중요하다.
사실 근거율 자체는 근거가 없다.

'모든 것에 근거가 있다'는 명제는 아무 근거가 없다. 따라서 기이한 상황이 벌어진다.

우리는 왜 근거율을 당연하게 받아들일까? 물론 이 단계에 이르면 "모든 것에 근거가 있다는 명제를 믿지 않아요"라고 주장하는 사람도 나오기 마련이다. 그러나 '모든 것에 근거도 이유도 원인도 없는' 세계는 인간이 살아가는 세계가 아니다.
산책을 하다가 생면부지의 사람에게 아무 근거도 없이 폭행을 당하거나 칼에 찔려도

좋다면 모르지만 말이다.

자, 다시 돌아가자.
근거율에는 근거가 없다.
우리는 어떤 근거에 기초해서 논리적으로
설득당해 '근거율'을 알게 된 것이 아니다.

우리는 '근거율'이라는 것을 어떻게, 어느
순간 알게 되었을까?
근거율을 논리적으로 이해하여 습득한 게
아니라면 감각적인 반복을 통해 '주입된'
결과라는 말이 된다.
우리가 지금까지 논해왔듯이 '근거율'은
넓은 의미의 '의례'를 필요로 한다는 말이다.
감각적인 반복을 통해 근거율을 체득한

주체가 설정되었다는 것이다.

즉, '만들어진' 것이다.

당신은 미술관에 들어와 있다.

어느 미술가의 작품 앞에 서 있다.

미술 작품은 그 자체만으로도 의례적인
가치를 갖는다. 회화든 조각이든
설치미술이든 심오한 '이치'를 재현하고,
그것을 보는 우리를 '개조'하고 ― 강한 말을
쓰자면 ― '다시 길들인'다.

이러한 사례는 근거율에만 국한되지 않는다.

12장에서 다른 사례를 살펴보자.

12.
'구원'과 '기억'의 문제

── 아무것도 허락하지도, 동의하지도 않았는데
세상에 태어난다.
살아 있는 이상 언젠가 죽어야 한다.
백 년, 천 년 후 아무도 우리를 기억하지 않는다.

그러나 우리에게는 예술이 있다.

안톤 체호프의 『바냐 아저씨』라는 희곡이
있다.
주인공 바냐가 "철학 이야기는
그만해요!"*라고 말하는 작품을 언급해도
되는지 망설여지지만. (웃음)

얼마 전, <내셔널 시어터 라이브>**에서
영국 배우 앤드루 스콧의 1인극을 보았다.
연기도 연출도 매우 훌륭했다.
내친김에 희곡을 다시 읽어 내려갔다.

---

* 일본어로는 "철학 이야기는 그만해요!
  (哲学はやめましょうよ!)". 한국어판(동서문화사)에는 "그런
  언짢은 말은 그만둡시다!"라고 번역되었다.
** National Theatre Live. 영국 국립극장 로열 내셔널
  시어터(Royal National Theatre)가 운영하는 프로젝트.
  위성을 통해 자신들의 공연 및 다른 극장의 공연을 전 세계
  극장과 예술 센터에 생중계한다.

처음 읽었을 때와 달리 매우 이상한
이야기였음을 새삼 깨달았다.

우선 모든 등장인물이 각자의 삶을
지긋지긋해하고 있다. (웃음)
주인공 바냐는 퇴직한 대학교수
세레브랴코프의 전처前妻 오빠다.
젊은 날, 바냐는 세레브랴코프를 숭배하며
시골 영지를 열심히 경영했다. 도시에 사는
세레브랴코프에게 돈을 보내며 헌신을
아끼지 않았다.

어느 날, 세레브랴코프가 갑자기 땅을
팔아치우고 유가증권으로 바꾸었다.
이자로 생활하고, 남은 돈으로 핀란드에

별장을 사겠다는 복안이었다.

본래 시골 영지는 세레브랴코프의 죽은 전처, 즉 바냐 여동생의 소유였다.

그런데도 바냐는 상속권을 포기하고, 그것도 모자라 매입 자금 잔액을 10년간 피땀 흘려 일해서 갚았다.

세레브랴코프는 이 사정을 알면서도 처분한 셈이다.

자신의 오랜 노고가 헛고생에 처하자, 바냐는 격분한다. 총으로 세레브랴코프를 죽이려 했지만 성공하지 못한다. 급기야 자살마저 실패한다.

두 사람은 애매모호하게 화해한다.

더 이상 시골 영지에 머물 수 없게 된

세레브랴코프는 아내와 함께 하리코프로
떠난다.

여하튼 줄거리를 요약하면…… 결국 '거의
아무 일도 일어나지 않는'다.
물론 바냐는 세레브랴코프의 젊은
후처인 엘레나를, 의사이자 환경운동가인
아스트로프도 엘레나를 사랑하고, 바냐의
조카이자 세레브랴코프의 전처와의
사이에서 태어난 소냐는 아스트로프를
사랑한다.
엘레나 역시 아스트로프에게 호감을
보이지만 결국 사건다운 사건은 아무것도
일어나지 않는다.

이 희곡은 인상적인 주제를 여러 번 반복한다.
바로 '기억'과 '신'(하느님)이다.

얼핏 보기에는 줄거리와 관계없는 듯한 첫머리의 아스트로프의 대사를 인용한다.*

> **아스트로프** 그래…… 지난 10년 동안에 딴사람이 되어버렸어. 왜 그렇게 됐을까? 과로 때문이야, 유모. 아침부터 밤까지 계속 서 있고, 휴식이라곤 모르고, 밤이면 이불 속에 누워서도 혹시 환자에게 끌려가지나 않을까 전전긍긍했으니

---

* 이 책에서 사사키 아타루는 진자이 기요시(神西清, 1903-1957)의 번역을 인용했다. 한국어판은 『갈매기/ 세 자매/ 바냐 아저씨/ 벚꽃 동산』(동완 옮김, 동서문화사, 2012)을 따른다.

말이야. 우리가 알고 지낸 이후로
내겐 단 하루도 한가한 날이 없었어.
그러니 어떻게 늙지 않겠나? 게다가
삶 자체가 따분하고 어리석으며
추잡하거든……. 이런 생활에 질질
끌려가고 있으니 말이야.

(중략)

사순절 세 번째 주에 전염병이
도는 말리츠코예 마을에 간 적이
있었어……. 발진티푸스였지…….
농가마다 환자들이
득실거리는데…… 그 악취와 연기,
마룻바닥에는 송아지가 자고,
그 옆에 환자들이 쓰러져
있었어……. 게다가 돼지 새끼들도
어정거리고 있질 않나……. 나는
온종일 앉지도 못하고 아무것도
먹거나 마시지도 못한 채 환자들한테

매달렸어. 그러다가 집으로 왔는데
쉬게 해주질 않더군. 철도에서
노선공 한 사람을 데려왔더라고.
수술하려고 그자를 탁자 위에
눕혔는데, 크로로포름 냄새를
맡더니 갑자기 죽어버리더군.
그러고 났는데, 별안간 내 안에서
그동안 죽어 있던 감정이 깨어나서는
양심을 괴롭혀대기 시작하는 거야.
내가 고의로 그 사람을 죽인 것처럼
말이지……. 나는 앉아서 이렇게
두 눈을 감고 생각했지. 백 년이나
이백 년 뒤의 우리 후손들은 지금
자기들을 위해서 열심히 길을 닦고
있는 우리를 고맙게 생각할까?
대답은 '아니다'야. 유모, 그놈들은
우리에 대해서는 까맣게 잊어버릴
거야!

마리나 사람들은 잊을지 몰라도, 하느님은 잊지 않으실 거예요.

이처럼 몸을 아끼지 않고 일했던 의사 아스트로프는 환자를 죽음에 이르게 했다는 자책으로 괴로워한다.
그리고 이 사실은 다른 부분에서도 반복되어 강조된다.
환자가 죽어갈 때마다 그는 묻는다.
'우리가 하는 일과 이 고생을 백 년, 이백 년 뒤에 누가 기억할까?'

유모 마리나의 대답은 앞에서 인용한 그대로다.

기억하는 존재는 신이다.
사람은 아무도 기억하지 못한다.

한편 아스트로프는 국유림을 관리하는
환경운동가 활동을 병행하고 있다.
"과거로부터 물려받은 숲이 파괴되지 않도록
잘 보살피는" 자연 보호에 앞장선다.
엘레나의 말처럼 "천 년 뒤 미래를
생각하는" 행동이다.
정작 본인은 바냐에게 이렇게 말한다.

> "그래, 이런 얘기가 공연한 헛소리로 들릴지도
> 몰라. 하지만 내가 지켜낸 농부들의 숲을
> 지나갈 때나, 내 손으로 심은 어린나무들이
> 바람에 바스락거리는 소리를 듣고 있노라면

이 고장의 풍토를 발전시키는 데 내가 조금은
보탬이 되었다고 느끼지. 또 미래의 인류가
행복을 느낀다면, 그들의 행복에도 내가 조금은
기여한 셈이 되는 것이지. 내가 심은 자작나무가
어린 연둣빛 잎사귀를 피워 올리고 바람에
살랑살랑 흔들리는 모습을 볼 때면 내 가슴은
자부심으로 부풀어 오른다네. 그래서 나는……
(쟁반에 보드카 잔을 가져온 일꾼을 보고 나서) 그건
그렇고……. (마신다) 난 가야겠어. 아마 이
모든 게 결국은 별난 내 성격 탓이겠지."

이 모든 게 결국은 별난 내 성격 탓이겠지.*

* 한국어판에는 "이 모든 게 결국은 별난 내 성격 탓이겠지"라고
  번역되어 있다. 일본어로는 "이런 일은 도무지 제정신으로는 못
  할 짓인지도 모르지"(こんなことは一切、正気の沙汰じゃな
  いかもしれない)라고 번역되어 있다는 점도 참조하자.

아스트로프는 의사로서, 환경운동가로서
자신이 할 수 있는 일을 하고 있다.
그러면서도 백 년, 이백 년, 천 년 뒤 자신의
노력이 수포로 돌아가지 않을까 두려워한다.
아무것도 남지 않고, 누구의 기억에도 남지
않을지도 모른다.
아니, 남지 않을 것이다.

그러나 '누구의 기억에도 남지 않고
무의미하게 사라질지도 모른다'는 두려움은
아스트로프만의 것이 아니다.
세레브랴코프도, 바냐도 같은 두려움을 안고
있다. 바냐는 세레브랴코프를 향해 쓴소리를
던진다.

'구원'과 '기억'의 문제

"똑똑한 사람들은 이미 다 알고 있고, 무식한 인간들은 관심도 없는 그런 것들을 연구한답시고 25년 동안이나 헛수고하고 있잖아. 그러면서도 자존심은 얼마나 대단한지! 불평은 또 얼마나 늘어놓는지! 25년 동안 남의 자리 꿰차고 앉아 교수 흉내만 내다가 은퇴하고 보니 알아주는 이 하나 있나.
아, 난 얼마나 기만당해 왔던가! 난 저 보잘것없는 통풍 환자를 숭배했고, 그를 위해 황소처럼 일했어! 나와 소냐는 이 영지에서 마지막 한 방울까지도 짜냈어. 그렇게 영지에서 난 버터와 우유, 완두콩을 시장에 내다 팔았지. 정작 우리 자신은 단 한 번도 배불리 먹지 못한 채 말이야. 그런 식으로 한 푼 두 푼 악착같이 모아 상당한 돈을 그에게 보낼 수 있었지. 난 그와 그의 학문이 자랑스러웠고, 그로 인해 살았고 숨 쉬었어! 그가 쓰고 말한 모든 것이 내겐 천재적인 것으로 보였지…….

맙소사, 그런데 지금은? 그는 은퇴했고, 그래서 지금 그의 인생이 뚜렷이 드러났어. 그가 죽고 나면 단 한 페이지도 남지 않을 거야. 그자는 전혀 유명하지 않아. 아무것도 아니라고! 비누 거품이야! 그래 난 속았어……. 난 이제야 알았어, 어리석게 속은 거라고…….″

세레브랴코프도, 그의 업적도 누구도
'알아주지 않는'다.
'아무것도 아니'다.
맞는 말이다.

그렇다면 세레브랴코프를 숭배하며 자신의 인생을 내던진 바냐의 인생도 '비누 거품'이 되고 만다.
"내 인생은 이미 영원히 끝장났다는 생각이,

밤이고 낮이고 유령처럼 들러붙어 나를
괴롭히고 있어. 과거는 무의미하게 흘러갔어.
쓸데없는 일에 정신이 팔려 그저 아까운
시간을 허비하고 말았지."

바냐의 푸념은 당연해 보인다.
비탄에 잠긴 바냐에게 아스트로프는 이렇게
말한다.

"우리보다 백 년이나 이백 년 뒤에 살 사람들은,
우리가 그토록 어리석고 무미건조하게 살았다는
이유로 우리를 경멸할 사람들은 필시 행복해질
방법을 찾을지도 모르지. 그러나 우리는……
나와 자네한테는 딱 한 가지 희망밖엔 없어.
우리가 관 속에 누워 있을 때 유쾌한 환상이
찾아와 우리를 위로해주리라는 희망 말일세."

세레브랴코프 부부가 떠나고, 소냐는
바냐에게 말을 건넨다.
유명한 장면이다.

바냐   (소냐의 머리를 쓰다듬으면서) 얘야,
난 너무나 괴로워. 내 마음이 얼마나
비참한지 넌 모를 게다.

소냐   하지만 어쩌겠어요. 살아야죠!
(사이) 바냐 아저씨, 우린 살아야
해요. 길고도 긴 낮과 밤들을 끝까지
살아가요. 운명이 우리에게 보내주는
시련을 꾹 참아 나가는 거예요.
우리, 남들을 위해 쉬지 않고
일하기로 해요. 앞으로도, 늙어서도,
그러다가 우리의 마지막 순간이 오면
우리의 죽음을 겸허히 받아들여요.
그리고 무덤 너머 저 세상으로

가서 말하기로 해요. 우리의 삶이
얼마나 괴로웠는지, 우리가 얼마나
울었고 슬퍼했는지 말이에요. 그러면
하느님은 우리를 불쌍히 여겨주실
테죠. 아, 그날이 오면, 사랑하는
아저씨, 우리는 밝고 아름다운
세상을 보게 될 거예요.

이 장면을 '절망 속에 남은 일말의
희망'이라고 비평하는 사람도 많다고 한다.
그러나 백번 양보해서 '희망'이라 말한다
해도 '죽음의 희망'일 뿐이다.

죽고 나면, 신이 '구원해줄' 것이다.
아스트로프는 '유쾌한 환상'이라고 말한다.
소냐는 '그날이 오면 보게 될 밝고 아름다운

세상'이라고 말한다.

체호프의 희곡이 거듭 강조하는 주제는
'기억'과 '구원'이다.
아니, '구원의 부재'일지도 모른다.

우리는 고생하며 살다가 무의미하게 죽는다.
그뿐만이 아니다.
우리의 생사를 아무도 기억하지 않는다.

실제로 나는 죽는다.
당신도 죽는다.
그리고 아스트로프의 말처럼 백 년 후,
이백 년 후, 천 년 후…… 누가 우리를
기억해줄까?

분명히 말한다.
아무도 기억하지 않는다.

"예수 그리스도의 존재는 우리가 기억하고
있지 않나요?"
누군가 이렇게 생각할지도 모르겠다.

그러나 대학원 시절, 초기 기독교에 관한
강의를 들으면서 알게 된 사실에 따르면
엄밀한 의미에서 예수를 확증할 수 있는
사실은 '기원 원년 전후에 태어났다'와
'남자였다'는 두 가지 사실뿐이라고 한다.

그는 '기독교'라는 새로운 종교를 만들지
않았다. 유대교 개혁 운동에 나선 지도자 중

한 명이었다.

그의 업적이 전해져 우리에게까지 이른 건 우연에 불과하다. 우리가 예수의 진정한 모습을 기억한다고 장담할 수도 없다.

다시 말한다.

우리는 죽는다.

누구도 삶과 죽음을 기억하지 않는다.

이때 '신'(하느님)이 요청된다.

무한한 기억 장치로서의 신이 '우리를 기억'한다.

최후의 심판이 도래하면 모두가 부활한다고 한다. 굳이 성경 「요한계시록」을 언급할 필요는 없을 듯하다. 그때 심판이 내려진다.

그러나 '심판을 내린다'라는 말은 신이
그 사람이 어떻게 살고 어떻게 죽었는지를
기억한다는 뜻이다. 유일신을 믿는
일신교에만 국한된 이야기가 아니다.
최근까지 인도에서는 갠지스강에 시신을
흘려보내면 신성한 강이 죽은 자를 영원히
기억한다고 믿어왔다.

'기억한다', 그 자체가 '구원'이다.

그러나 신은 죽었다!
우리의 삶은 흔적 없이 사라진다!
그 사실이 그대로 희극이 되어야 한다 ―

라며 니체 식으로 거침없이 잘라 말하고
이 책을 끝내면 좋겠지만, 그건 너무
불친절한 행동이다. (웃음)
좀 더 자세히 설명을 이어가자.

책의 첫머리를 열며 말했듯이 우리는
아무것도 허락한 기억이 없는데도 태어난다.
그리고 태어난 이상 반드시 죽어야만 한다.
인생을 살며 아무리 행복하고 성공했다
하더라도 그것이 맞는지 애매모호하다.
우리가 아무리 노력해서 '잘' 살아도 아무도
우리를 기억하지 않는다.

우리는 헛되이 살다 죽는다.
잊힌다.

그뿐만이 아니다.

바냐는 다음과 같은 말을 남겼다.

"뭐라고 얘기 좀 해보게. 오 맙소사…….
난 마흔일곱 살이야. 예순 살까지 산다고 하면
아직도 13년이나 남았어. 긴 세월이야! 13년을
어떻게 살아가지? 무엇을 하고, 무엇으로 채울
거냐고? 오, 이보게……."

어떻게 시간을 보낼 것인가.
바로 이 지점에서 '권태'의 문제가 떠오른다.

우리는 태어난 이상 죽어야 한다.
기나긴 지구의 시간 속에서 그야말로
한순간이다.
그러나 백 년 후에는 누구의 기억에도 남지

않는 '무의미해질' 삶을 '일단' 살아가기에는
인생은 너무나 길다.

무엇을 해야 하는가.
무엇으로 인생을 채울 것인가.

누구나 아는 감각.
시간이 '흘러가지 않는' 권태가 우리를
둘러싼 모든 것을 무겁게 한다.

그렇다.
산다는 것은 '안절부절못하는' 것이다.

불안은 대상을 요구한다.
그러나 권태는 대상을 필요로 하지 않는다.

의미를 박탈당한 삶은 짧지만, 동시에
너무도 길다.
문득 무엇을 하고 싶은지도, 무엇을 해야
할지도 모르는 막막하고 견디기 힘든
감정만이 거기에 있다.
"인생은 죽을 때까지의 시간 때우기"라는
흔해 빠진 대사조차 변명에 불과하다.

다시 말한다.
태어날 것을 강요당하고, 태어난 이상
죽어야 한다.
누구에게도 기억되지 않아 무의미하게
사라져가는 사실을 계속 마주하는 것.

그것이 '삶'이다.

'권태'다.

너무 모질게 들릴지도 모르겠다.
그러나 이 글을 읽으며 당신도 깨달았으리라.

철학은 당신에게 새로운 정보를 가져다주지 않는다.
듣고 나면 이미 알고 있었던 것들이 새롭게 보이는 것.

이것이 철학의 역할이다.
이것이 철학의 첫 과제이자 마지막 과제다.
들어가야 할 첫 번째 문이자 출구가 없는 마지막 문이다.

철학은 진리를 말한다.
이것이 진리다.

이 진리를 피해 가는 철학은 철학이 아니다.
내 생각이 여기까지 잘 전달되었으려나.

여기에서 끝나지 않는다. 애초에 『바냐 아저씨』를 왜 인용했는지 떠올리자.
그렇다. '의례'를 설명하기 위함이었다.

체호프의 연극이 희극인지 아닌지를 둘러싼 논의가 오늘날까지 이어지고 있다.
4대 희곡 가운데 두 작품에 '희극'이라는 제목이 붙어 있어서 더욱 혼란스럽다.

그러나 앤드루 스콧이 처절할 정도로 멋지게
연기했듯이 나는 이 작품을 '희극'이라고
생각한다. 실제로 극장에서는 웃음이
넘쳐났다.

의례 중 하나로 『바냐 아저씨』를 상연하고,
감상하는 것.
이 행위는 죽음을 '웃는' 것이다. 죽을 운명과
삶의 무의미함을 '웃는' 것이다.
죽음을 웃는 법을 배우고, 그 무의미함을
웃는 법을 배우고, 구원의 부재를 웃을 수
있는 주체로 자신을 재설정하는 것이다.

그렇다고 우리가 안토니 가우디가 되는 건
아니다.

고백하건대, 나 또한 최근에야 바르셀로나를
찾아 사그라다 파밀리아를 보았다. (웃음)

갑자기 웬 가우디?
가우디는 알고 있었다.
자기 손으로 만든 사그라다 파밀리아의
완성을 볼 수 없다는 당연한 사실을
누구보다 잘 알았다.

가우디의 친구이자 카탈루냐 시인이었던
주안 마라갈은 이렇게 말했다.
가우디 연구자 도리이 도쿠토시鳥居德敏의
저작을 인용하면 다음과 같다.

"끝없이 만들어가는 작업, 이 얼마나 큰 기쁨인가.

성당 건설에 평생의 삶 그 이상을 바치고 있는
한 남자가 겸허하게도 완성을 볼 생각도 없이
후세의 우리에게 건설의 계속과 완성을 맡김을
나는 알고 있다.
이 겸허함과 자기희생의 밑바탕에는
신비주의자의 꿈과 시인의 정제된 즐거움이
맥박처럼 뛴다.
한 사람의 생명보다도 긴 세월을 요구하는 작품,
미래의 여러 세대를 거쳐 땀을 쏟아부어야만
하는 작품에 한 사람의 생애를 바치는 것
이상으로 의미 있고 아름다운 목적이 과연
있을까?
이 일이 한 남자에게 얼마나 큰 안심을 가져다줄
것인가. 이 얼마나 시간과 죽음에 대한 대단한
업신여김인가. 이 얼마나 영원히 산다는 것에
대한 확실한 보증인가."

이 얼마나 시간과 죽음에 대한 대단한

업신여김인가.
이 얼마나 영원히 산다는 것에 대한 확실한 보증인가.

스스로 완성을 보지 못하는 건축물.
미완성의 사그라다 파밀리아를 향한
가우디의 헌신은 '시간과 죽음', 즉 유한한
삶을 '업신여김'이다. 힘찬 단언이다.
사그라다 파밀리아를 방문한 사람이라면
누구라도 고개를 끄덕일 선언이다.

물론 어디까지나 기독교 신앙에 바탕을 둔
선언이다.
죽음을 통해 영원한 생명을 찾는 일신교의
교리가 뒷받침하고 있다.

우리 가운데 누구라도 이 점을 믿을 수
없다면 죽음을 업신여기지 못할 것이다.
그러나 죽음을 '웃을' 수는 있으리라.
구원의 부재를 웃을 수 있는 주체로
재설정할 수 있으리라.

예술의 본질적인 의미는 여기에 있다. 예술을
통해 우리는 의례의 가치를 읽을 수 있다.

다시 반복한다.

당신은 죽는다.
그리고 나도 죽는다.

인간은 태어남을 선택할 수 없다.

그런데도 태어난 이상 언젠가 죽어야 한다.
세상에 이토록 부조리한 일이?

"태어날 건가요?"
"태어나도 괜찮습니까?"

우리 가운데 누구도 이 질문을 받고
"예"라고 대답하며 태어나지 않았다.
어느 시대에, 어느 곳에, 어떤 부모 아래
태어날지조차 선택할 수 없(었)다.

어디 이뿐인가.
인간이란 이상한 존재여서 죽은 적도
없으면서 죽음을 두려워한다.

아무것도 허락하지도, 동의하지도 않았는데
세상에 태어난다.
살아 있는 이상 언젠가 죽어야 한다.
백 년, 천 년 후 아무도 우리를 기억하지
않는다.

그러나 우리에게는 예술이 있다. 예술을
통해 운명을 '웃는' 법을 배울 수 있다.
우리의 운명을 비극이 아니라 희극으로
만들 수 있다.
명랑하고 쾌활하게, 큰 소리로 웃으면서
운명을 헤쳐 나갈 수 있다.

예술은 "어두운 숲을 걷다가 만나는
불빛"(아스트로프)이다.

여기까지다.

이것으로 철학 입문은 끝이다.

지금부터는 '예술'의 문제다.

작가의 말

삶에 의미가 있는가, 없는가는 문제가 되지 않습니다.
의미는 주어지지 않습니다.
오히려 당신이 의미를 부여할 뿐입니다.

그래도 여전히 석연치 않은 분이 계시겠죠.

아무리 예술이라는 불빛이 반짝인다고
하더라도 '태어나 살고 죽는 것'이
무의미하다는 사실은 다를 바 없다는
거겠죠.

"사사키 아타루 씨, 신 이외에 누구도
기억하지 않는 삶은 무의미하지 않나요?"

당연한 생각입니다.
그러나 전제가 다릅니다.

삶에 의미가 있는가, 없는가는 문제가 되지
않습니다.

의미는 주어지지 않습니다.
오히려 당신이 의미를 부여하는 편에
서 있습니다.

그렇지 않나요?

가깝고 친숙한 사람이든, 멀리서 동경하는
사람이든 상관없습니다.
누군가 깊은 절망에 빠졌다고 합시다.
삶에 아무 의미 없다며 무너집니다.

그 순간 "아니에요. 당신의 삶은 결코
무의미하지 않아요"라고 말해주고 싶은
누군가가 당신에게도 있을 겁니다.

그렇습니다.
당신이 의미를 부여하는 것입니다.

소중한 누군가에게 '의미를 부여'하는 것.
사랑이 아니고서야 무엇일까요?

아무리 우리의 삶과 죽음이 덧없다 하더라도
우리에겐 '의미'를 부여할 힘이 남아
있습니다.
우리에게 어떤 강력한 힘이 남겨져 있다는
것인지. 이제 굳이 설명하지 않아도 되겠죠.

소시샤草思社의 와타나베 다이스케渡邉大介 씨,
디자인을 맡아준 오카자와 리나岡澤理奈
씨에게 감사드립니다.

2024년 만하晩夏*

사사키 아타루

---

* 늦여름, 주로 음력 6월을 이른다.

해제

안천

1.

눈을 씻고 찾아봐도 군더더기라곤
티끌만큼도 없는 글에 옮긴이가 무슨
자격으로 말을 보탤 수 있을까 — 라는
의문이 어느 때보다 강하게 들지만, 사사키가
말한 '우리에게 남겨진 강력한 힘'인 의미
부여의 몫은 옮긴이에게도 있다는 믿음 아래
이 글을 쓴다.

하나의 텍스트가 스스로 '철학 입문'이라
자임할 때, 그 글은 독자와 암묵적으로
계약을 맺는다. 미지의 독자를 혼돈의 바깥,
즉 질서 있는 사유의 세계로 인도하겠다고
약속한다.

그러나 사사키 아타루의 도발적인 텍스트는 '계약' 자체를 문제 삼으며 시작한다. 그는 철학사를 요약하거나 난제를 풀이하는 기존의 관습적 입문을 경쾌하게 거부한다. 우리의 옷깃을 움켜쥔 채 단 하나의 확실성, 즉 '당신은 죽는다'는 피할 수 없는 사실 앞으로 우리를 끌고 간다.

어떤 점에서 지극히 강력한 전략이 아닐 수 없다. 사사키는 독자와 자신을 연결하는 가장 원초적인 공통 분모로 '죽음'을 소환한다. "당신은 누구인가?"라는 물음을 던지는 대신 "나는 당신에 대해 이것만큼은 알고 있다"고 선언함으로써 독자와 저자 사이에 강렬하고 내밀한 관계를 구축한다.

독자는 책 곳곳에서 자신을 발견하게 된다.
발견은 독자를 안전한 거리에서 관망하는
청중으로 남겨두지 않는다. 오히려 책장을
넘기는 모든 독자를 '죽음'이라는 실존적
사건의 공모자이자 당사자로 호명하여
거부할 수 없는 사유의 장場으로 끌어들인다.

사사키는 철학을 가르치려 하지 않는다.
그는 철학적 상황을 연출하고, 독자를 무대
위에 세운다.

사사키는 명쾌하고 예리하게 논리를
전개한다. 그는 헤겔적 사유(모든 욕망은
타인의 욕망이다)를 빌려와 현대 사회의 모든
경험이 '모조'와 '복제'에 지나지 않음을

상기시킨다. '버킷리스트'라는 세속적 욕망의 목록에서부터 루브르 박물관의 <모나리자>를 감상하고자 하는 고상한 예술적 열망에 이르기까지. 모든 게 타인의 시선에 의해 구조화된 기성의 코드라는 사실을 자각하게 만든다.

이러한 전면적인 '진부함'의 세계 속에서 사사키가 유일한 예외로 건져 올리는 것은 '죽음'이다.

나의 죽음은 누구도 대신할 수 없다는 '단독적singular' 의미, 동시에 누구도 피할 수 없는 '보편적universal' 의미. 우리는 죽음의 확실성 앞에서 비로소 타인과 완전히 평등한, 그러나 결코 섞일 수 없는 고독한 연대를 경험한다.

인간의 역사는 두 개의 시스템으로 죽음을 다루어왔다.
하나는 국가요, 다른 하나는 종교다.

국가는 개개인의 고유하고 개별적인 죽음을 '국가를 위한 숭고한 희생'이라는 거대 서사로 포섭한다. 국가는 죽음을 생산하고 관리하며 동원한다. 국가는 죽음에 독점적으로 의미를 부여함으로써 개인의 죽음을 착취한다.

이러한 국가의 '죽음 관리'는 철저히 현세적

논리, 즉 '많은 사람을 위한 죽음'이라는 명분을 통해 공동체의 현실적 존속과 확장을 지향하는 정치적 기술이다. 개별적 죽음의 고유성을 박탈하고, 국가라는 시스템을 유지하기 위한 부품으로 작동시키는 데 본질이 있다.

반면, 종교는 국가와는 근본적으로 다른 지평에서 죽음을 다룬다. 물론 종교 역시 죽음의 공포를 다루고 극복한다는 점에서 국가와 유사한 기능을 수행하는 듯 보인다. 그러나 그 작동 원리는 상당히 다르다. 국가가 '이 세계에서의 영속'을 위해 죽음을 이용한다면, 종교는 '이 세계 너머'를 설정함으로써 죽음과 삶의 관계를 재정의한다.

종교는 현세의 삶과 죽음의 연장선에
'또 다른 삶'을 자리 잡게 만든다. 그리하여
죽음 자체를 상대화한다. 물론 종교는
인류의 위대한 발명이다. 역사를 통해
알 수 있듯이 종교는 인류의 죽음에 대한
근원적인 공포를 완화해왔다. 앞으로도 그럴
것이다.

그러나 사사키에게 종교의 해법이 제시하는
'영원한 삶'은 "너무나 죽음과 닮아 있다."

사사키의 철학적 여정은 '죽음'이라는 절대적
사실에서 출발한다. 동시에 사사키는 논의를

진행하며 죽음의 '확실성'을 문제 삼는다.
여기에서 이 책을 옮기며 가장 인상적이었던
글귀를 인용한다.

"나는 나만의 고유한 죽음을 끝마칠 수 없다.
 다시 말해 나는 죽지 못한다."

책의 초반부터 이 인용문까지, 사사키는
2009년에 쓴 「어떻게 죽을 것인가」*와 거의
비슷한 논지를 전개한다. 이 책을 읽고 저자가
제시한 주제에 관심이 생긴다면 마치 같은
곡을 다른 악기로 연주한 듯한 이 글을 읽기
바란다. 「어떻게 죽을 것인가」에서는 독일

---

* 사사키 아타루 지음, 김소운 옮김, 『제자리걸음을 멈추고』,
  여문책, 2017

철학자 마르틴 하이데거를 좀 더 비중 있게
다루고, 프랑스 작가 모리스 블랑쇼의
이름으로 '죽음을 끝마칠 수 없다'를
설명한다는 점에서 차이가 있음을 참조하면
좋겠다.

중요한 건 사사키가 「어떻게 죽을
것인가」에서 '죽음을 끝마칠 수 없다'는
블랑쇼에서 끝을 맺는다는 것이다. 그리고
이는 "타자가 없으면 '나'는 죽을 수 없다"를
기점으로 사사키가 논의를 풀어가는 「장례,
문화의 기원」 이후를 주목하게 만든다.

사족을 달자면 「장례, 문화의 기원」에서
사사키는 존경하는 작가가 타계한 후

우울증에 시달렸다가 작가의 유품을 받고 급속도로 건강을 회복하는 에피소드를 소개한다. 여러 정황상 작가는 후루이 요시키치古井由吉, 1937-2020가 아닐까 추정한다. 옮긴이가 번역한 『이 치열한 무력을』에 사사키와 후루이의 대담이 실려 있으니 되짚는 것도 좋겠다.

자, 이제 "타자가 없으면 '나'는 죽을 수 없다"를 살펴보자.

죽음은 나 혼자 완결할 수 있는 사건이 아니다. 필연적으로 '타자'의 개입을 요구한다. 그 결과 '의례'라는 인간 고유의 실천을 낳는다.

두 관계를 축으로 사사키는 고독한 개인의
실존 문제를 사회적·문화적 차원으로
확장시킨다. 여기에는 중요한 인식론적
전복이 자리한다.

죽음은 가장 고독하고 개별적인 체험이다.
'사람은 죽을 때 혼자'라는 말로 요약되는
절대적 단독성의 사건이다.

그러나 사사키는 죽음이라는 고독한
사건의 완결이 역설적으로 타자에게
전적으로 의존하고 있음을 밝혀낸다. '나의
죽음'이라는 가장 내밀하고 고유한 사건은
타자라는 외부 없이는 결코 성립할 수 없다.

나의 죽음을 내가 완결할 수 없다는
불가능성. 타자를 통해서만 가능하다는
사실.
바로 이 지점에서 필연적으로 '의례儀禮'의
문제가 발생한다.

의례는 개인적 죽음의 불가능성을
사회적으로 감당하기 위한 인간의 집단적
응답이다. 나의 죽음을 확증하는 타자의
존재가 필수적이라면, 타자들이 모여 죽음을
공적으로 선언하고 애도하는 장례는 개인의
소멸을 사회적 사실로 공인하는 행위이자,
그의 부재를 공동체의 질서 내부로 편입하는
중요한 절차다.

사사키는 이 의례를 "감성적인 반복을 통해
'주체'를 형성하는" 교육으로 정의한다.
인간이 사회에서 살아가기 위해 반드시
수행해야 할 주체화의 과정으로 바라본다.

한편 의례는 지배자의 권력에 저항하는
주체가 되기 위해서도 필수적이다.
본래 의례는 우리 몸에 특정한 질서를
각인시키고, 우리를 특정한 사회의 '주체'로
만드는 근원적인 장치다. 의례는 한 인간의
자식으로 태어난 존재가 '인간이 되기 위해'
거치는 사회화 과정이자 사회의 재생산
과정이다. '재생산=의례'는 선도 아니고
악도 아니다. 만약 선악이 있다면 재생산의
방향성에 대한 가치 판단에서 나올 뿐이다.

죽음에 대한 개인의 태도 역시 주체화 과정을 통해 형성된다. 의례는 죽음이라는 압도적인 사건 앞에서 인간이 무너지지 않도록 반복적으로 상연하고 학습하는 사회적 장치이기도 하다.

앞에서 말했듯이 사사키는 죽음을 다루는 두 가지 시스템을 다루며, 기억이라는 장치로 죽음에 의미를 부여함을 강조했다.

국가는 영속하는 현세의 공동체로서, 종교는 시공간을 초월한 존재인 신에 의한 판단으로서 죽음에 의미를 부여한다. 사사키는 두 가지 해법을 거부한다. 대신 '구원의 부재를 웃을 수 있는 주체를 만드는 예술'을 대안으로 삼는다.

물론 사사키가 제시하는 예술이라는 해답에 막연함을 느끼는 독자도 있으리라 여겨본다. "이것으로 철학 입문은 끝이다. 지금부터는 예술의 문제다"라는 마지막 문장에서 알 수 있듯이 사사키 역시 이 책에서 예술을 본격적으로 논의할 의향은 없는 듯하다. 그럼에도 궁금해하는 독자를 위해 사사키가 말하는 '예술'에 대해 짧게 부연하려고 한다.

한마디로 사사키는 예술을 '변혁 가능한 삶의 양식'으로 바라본다.

"예술art, Kunst은 라틴어로 아르스ars라고 하며,
이는 원래 그리스어인 테크네τεχνη의 번역어다.
짧게 설명하자면 자연Nature, Natur, Natura, Φύση
내부에서 때로는 이를 거스르면서 살아남는
것을 가능케 하는 '기예', 혹은 더 나아가
'궁리'라 번역해야 할 말이다. 이는 오락이나
장식의 형태를 띠곤 한다. 그러나 결코 오락이나
장식에만 관계되는 것이 아니다. 이는 변혁
가능한 삶의 양식을 의미한다."*

그가 다른 책에서 정의했듯이 그가 정의하는
예술은 우리가 일반적으로 이해하는
예술보다 훨씬 폭넓은 함의를 지니고 있음을
알아야 한다. 그럼 예술과 근거율의 관계를

---

*   사사키 아타루 지음, 안천 옮김, 『이 치열한 무력을』,
    자음과모음, 2013, 166-167쪽

통해 사사키의 예술에 대해 좀 더 살펴보자.

사사키는 라이프니츠의 '근거율'(모든 것에는 근거가 있다)을 가져옴으로써 근거율에 아무런 근거가 없다는 역설을 지적한다. 우리가 '왜?'라고 물을 수 있는 까닭은 세상을 합리적 혹은 인과적으로 파악할 수 있다는 '근거 없는 믿음'을 공유하기 때문이다. 이 믿음은 논리적 설득이 아닌 감성적 반복, 즉 '예술'을 통해 우리 몸에 각인된다.

달리 표현하자면 예술이라는 의례를 통해 인간은 무의미한 세계에 '의미를 부여하는' 힘을 갖는다. 감성적 반복을 통해 인간은 주체로 만들어진다. 나를 주체로 만드는 것은 물론 나를 포함한 인간의 주체화에 '내'가 기여할 가능성을 열어주는 회로다.

사사키의 '예술' 개념이 궁금한 독자는 『이 치열한 무력을』 속 「'우리의 제정신을 살아남을 수 있는 길을 가르쳐달라'(2011년 12월 8일, 교토세이카대학 강연)를 요약한 기본 주기 21개」라는 글을 읽어보길 바란다.

결론적으로 사사키 아타루의 사유 속에서 나의 죽음은 고독하나 결코 고립되어 있지 않다. 죽음은 언제나 타자의 시선과 사회적 의례라는 그물망 속에 놓여 있다.

사사키는 국가로 상징되는 권력이
'죽음의 착취'를 위해 의례를 독점하는 것을
맹렬히 비판한다. 그러면서도 의례 자체를
폐기하는 것은 불가능하며 바람직하지
않다고 말한다.

오히려 그는 예술이라는 대안적 의례를
통해 구원 없는 세계를 비극이 아닌
희극으로 전환시키는 '새로운 주체'를
형성하는 데 방점을 찍는다. 죽음이라는
가장 어두운 실존의 문제에서 출발하여
문화·정치·교육이라는 사회적 실천의
영역으로 나아가는 그의 철학적 기획의
핵심인 셈이다.

2.

『모두를 위한 철학 입문』은 옮긴이가 번역한 사사키의 세 번째 책이다.

첫 책 『이 치열한 무력을』은 2013년에, 두 번째 책 『야전과 영원』을 2015년에 번역했으니 10년 만에 그의 책을 옮긴 셈이다. 여기에서는 앞의 두 책을 번역하며 썼던 '옮긴이의 말'을 복기하면서 사사키 아타루를 논하려 한다.

옮긴이가 사사키 아타루라는 이름을 처음 접한 건 도쿄대학 고마바駒場 캠퍼스의 생협 서점이었다. 평소와 다름없이 서점에 들어선

나는 『야전과 영원』이라는 두꺼운 책에
눈길이 갔다. 못 보던 책인데…… 어색해하던
나에게 반가운 이름이 들어왔다. 르장드르.
몇 해 전 수강했던 니시타니 오사무西谷修의
강의에서 들었던 낯익은 이름이었다.
'도그마 인류학'이라는 언어와 사회에 관한
흥미로운 이론을 제시한 학자. 강의를
듣기 전까지 어디에서도 들을 수 없었던
르장드르라는 이름은 곧바로 니시타니를
떠오르게 만들었다.

니시타니의 강의는 그동안 내가 일본에서
접했던 수많은 강의 가운데 몇 손가락에
꼽힐 정도로 강한 인상으로 남아 있다.
일단 강의가 생겨난 배경부터 독특하다.

니시타니의 강의는 50여 년 전에 일어났던
'전공투' 운동의 결과로 생겨났다.

1968년 전후, 일본은 전공투라 불리는
대규모 학생 운동이 사회를 요동시켰다.
운동의 여파로 도쿄대학이 1969년 신입생을
뽑지 않는 초유의 사태가 벌어졌으니
그 규모를 짐작할 만하다(당연히 도쿄대학에
69학번은 존재하지 않는다).

니시타니의 강의는 학생들이 강사와
강의 내용을 고르고 고른 끝에 개설한
과목이었다. 모든 강의에 적용하지는
않았지만, 도쿄대학은 학생들에게 '강의를
개설할 권리'를 부여했다. 강의 첫날, 전공투

운동이 일군 성과의 하나로 지금까지
도쿄대학에 남아 있는 유일한 전통이라는
동료 학생의 설명이 지금도 기억에 남아
있다. 비록 한 학기에 그쳤지만, 학생들의
성원으로 도쿄외국어대학 교수였던
니시타니는 도쿄대학에서 강의할 수 있었다.

강의가 개설된 이유만큼 니시타니
오사무라는 인물도 괴짜였다. 그는 검은색
가죽점퍼를 걸치고 오토바이를 타고 고마바
캠퍼스에 나타났다. 선글라스가 잘 어울리는
작고 마른 얼굴이 오토바이를 탄 가죽점퍼의
남자와 유난히 어울렸던 게 기억에
생생하다.

도쿄대학은 당시에도 거의 모든 건물이
금연 구역이었다. 그러나 그는 학생들의
동의를 구해 담배를 피우며 강의를
진행했다. 담배 연기와 잘 어울리는
사람이었다.

니시타니는 세상을 향한 강한 불만을
숨기지 않았다. 약간의 피로가 섞인 절묘한
어투로 세상의 불의를 끊임없이 투덜거리며
'세계사라는 관점의 탄생'을 비판적으로
바라보았다.

강의를 들으며 저절로 그에게 관심이 생긴
나는 『세계사의 임계臨界』를 비롯한 그의
여러 책을 찾아 읽었다. 르장드르의

'도그마 인류학'은 지금까지 기억에 남는
몇 안 되는 강의였다. 비록 세월이 흘러
자세한 내용은 기억에 남지 않지만
르장드르라는 고유 명사는 묘하게도 잊히지
않는다. 그 고유 명사를 통해 훗날 사사키의
『야전과 영원』을 펼쳐본 셈이다.

『야전과 영원』에서 사사키는 르장드르를
매개로 니시타니와 자신을 잇는다.
사사키는 니시타니가 감수한 르장드르의
'도그마 인류학 총서'의 번역자라는 점에서
두 사람의 인연을 익히 짐작할 수 있다.

다시 생협의 서점으로 돌아가자. 『야전과
영원』은 부담스러울 정도로 두꺼웠다.

게다가 너무 비쌌다. 사사키와 르장드르,
사사키와 니시타니의 인연을 느꼈음에도
두께와 가격의 협공에 굴복할 수밖에
없었다. 결국 나는 『야전과 영원』을 제자리에
돌려놓아야 했다.

그로부터 2년 뒤, '제자리에 돌려놓아야'
했던 첫 인연은 『야전과 영원』의 번역자라는
새로운 인연으로 회복되었다.

그러나 『야전과 영원』은 사람을 압도하는
책이었다. 돌이켜 생각하니 번역하기로
결심했다는 것 자체가 무모했다. 누군가
"다시 번역하겠느냐?"고 물으면 상당히
망설일 것 같다. 용케도 번역할 용기를 냈던

당시의 나를 칭찬하는 수밖에.

『야전과 영원』은 여전히 사사키 아타루를 대표하는 책으로 남아 있다. 이 책에서 사사키는 푸코와 라캉과 르장드르를 가로지르며 인간이 주체가 되어 사회에서 살아가는 경로를 추적한다. 사사키가 되짚은 경로는 사회가 축적한 텍스트(언어, 이미지……)로 구성된 얽히고설킨 그물망을 통과하면서 임시방편으로 수많은 조각을 조립해 몽타주를 만드는 과정이다. 『모두를 위한 철학 입문』에서 사사키가 마지막에 잠깐 언급한 '예술=테크네'의 실천과 겹친다.

『야전과 영원』의 핵심은 라캉의 '거울'
개념을 비판적으로 계승해 '사회적
거울'이라는 개념을 내놓은 르장드르를
논의하는 지점이다.

책의 후반부에서 사사키는 주체화의 구조를
밝히고자 했던 푸코의 궤적을 재구성하며
푸코와 르장드르와 차이와 유사성을
서술한다. 푸코와 르장드르를 동시에
깊이 이해할 수 있는 글이 아닐 수 없다.
푸코에 관심을 기울이는 독자라면
푸코의 주요 저서를 망라하며 '주체화'라는
관점을 논한 이 부분이 매우 흥미진진할
것이다.

『모두를 위한 철학 입문』과 직결되는 부분은 『야전과 영원』의 「표상과 시체: 하이데거·블랑쇼·긴츠부르그」다. 이 책에서 사사키가 강조했던 이야기를 현대 철학의 맥락에서 되짚고 싶은 독자라면 놓쳐서는 안 된다.

마지막으로 옮긴이에게 번역을 맡겨준 출판사 북노마드에 깊이 감사의 마음을 전한다. 그동안 북노마드를 통해 아즈마 히로키의 책을 옮겼는데, 다른 저자의 책을 간행하게 되어 더욱 뜻깊다.

번역에 문제가 있다면 전적으로 옮긴이의 불찰과 역량 부족 때문이다. 의문이나 문제점을 발견한 독자분들은 가감 없이 의견을 보내주시기 바란다(X @aniooo). 소중한 가르침을 경청하는 것은 물론 지금까지 옮긴이가 번역했던 책과 마찬가지로 개인 블로그(https://aniooo.wordpress.com)를 통해 바로잡겠다.

도쿄에서,

안천

모두를 위한 철학 입문
사사키 아타루, 죽음을 배우는 시간

초판 1쇄 발행	2025년 8월 25일
초판 2쇄 발행	2025년 12월 22일
지은이	사사키 아타루
옮긴이	안천
펴낸이	윤동희
펴낸곳	북노마드
편집	윤동희, 김민채
디자인	신혜정
제작	교보피앤비
출판등록	2011년 12월 28일
등록번호	제406-2011-000152호
문의	booknomad@naver.com
ISBN	979-11-86561-94-2 (02100)

www.booknomad.co.kr

북노마드